Guia de Conversação *Italiano* para LEIGOS®

de Francesca Romana Onofri e
Karen Antje Möller

Guia de Conversação Italiano para Leigos Copyright © 2009 da Starlin Alta Con. Com. Ltda.

Original English language edition Copyright © 2004 by Wiley Publishing, Inc. by Francesca Romana Onofri e Karen Möller. All rights reserved including the right of reproduction in whole or in part in any form. This translation published by arrangement with Wiley Publishing, Inc

Portuguese language edition Copyright © 2009 da Starlin Alta Con. Com. Ltda. All rights reserved including the right of reproduction in whole or in part in any form. This translation published by arrangement with Wiley Publishing, Inc

"Willey, the Wiley Publishing Logo, for Dummies, the Dummies Man and related trad dress are trademarks or registered trademarks of John Wiley and Sons, Inc. and/or its affiliates in the United States and/or other countries. Used under license.

Todos os direitos reservados e protegidos pela Lei 5.988 de 14/12/73. Nenhuma parte deste livro, sem autorização prévia por escrito da editora, poderá ser reproduzida ou transmitida sejam quais forem os meios empregados: eletrônico, mecânico, fotográfico, gravação ou quaisquer outros.

Todo o esforço foi feito para fornecer a mais completa e adequada informação, contudo a editora e o(s) autor(es) não assume responsabilidade pelos resultados e usos da informação fornecida. Este livro não contém CD-ROM, disquete ou qualquer outra mídia.

Erratas e atualizações: Sempre nos esforçamos para entregar ao leitor, um livro livre de erros técnicos ou de conteúdo; porém, nem sempre isso é conseguido, seja por motivo de alteração de software, interpretação ou mesmo quando alguns deslizes que constam na versão original de alguns livros que traduzimos. Sendo assim, criamos em nosso site, www.altabooks.com.br, a seção Erratas, onde relataremos, com a devida correção, qualquer erro encontrado em nossos livros.

Avisos e Renúncia de Direitos: Este livro é vendido como está, sem garantia de qualquer tipo, seja expressa ou implícita.

Marcas Registradas: Todos os termos mencionados e reconhecidos como Marca Registrada e/ou comercial são de responsabilidade de seus proprietários. A Editora informa não estar associada a nenhum produto e/ou fornecedor apresentado no livro. No decorrer da obra, imagens, nomes de produtos e fabricantes podem ter sido utilizados, e desde já a Editora informa que o uso é apenas ilustrativo e/ou educativo, não visando ao lucro, favorecimento ou desmerecimento do produto/fabricante.

Impresso no Brasil
O código de propriedade intelectual de 1º de julho de 1992 proíbe expressamente o uso coletivo sem autorização dos detentores do direito autoral da obra, bem como a cópia ilegal do original. Esta prática generalizada, nos estabelecimentos de ensino, provoca uma brutal baixa nas vendas dos livros a ponto de impossibilitar os autores de criarem novas obras.

Produção Editorial: Starlin Alta Con. Com. Ltda,
Coordenação Editorial: Marcelo Utrine **Coordenação Administrativa**: Anderson Câmara
Tradução: Lisandra Coelho **Revisão**: Auri Alberto Weimer **Revisão Técnica**: Aderbal Torres
Diagramação: Cláudio Frota **Fechamento**: Ingrid Teixeira

1ª Reimpressão, 2010

ALTA BOOKS
EDITORA

Rua Viúva Cláudio, 291 - Bairro Industrial do Jacaré
CEP: 20970-031 - Rio de Janeiro – Tel: 21 3278-8069/8419 Fax: 21 3277-1253
www.altabooks.com.br – e-mail: altabooks@altabooks.com.br

Sobre as Autoras

Depois de seus estudos universitários em linguística e língua e literatura espanhola e inglesa, **Francesca Romana Onofri** viveu muitos anos no exterior para melhorar sua compreensão das culturas e línguas de diferentes países. Na Espanha e na Irlanda, trabalhou como professora de Italiano e Espanhol, bem como tradutora e intérprete em eventos culturais. Na Alemanha, foi responsável pela comunicação e eventos especiais em um museu de arte moderna, mas mesmo então ela nunca deixou de lado sua paixão pelos idiomas: foi instrutora e professora de italiano na Opera Studio, da Opera House de Colônia, e fez traduções – especialmente no campo da arte. De volta à Itália, Francesca editou vários livros de italiano para a Berlitz e trabalha como tradutora de livros de arte, bem como organizadora de eventos culturais e educadora.

Karen Möller atualmente estuda linguística, literatura e cultura do italiano e do inglês. Antes de entrar na Academia, Karen trabalhou no campo das relações públicas e escreveu artigos para todos os tipos de revistas de moda e jornais. Recentemente teve a oportunidade de trabalhar em projetos da Berlitz Publishing, em Alemão-Italiano, incluindo guias de verbos, vocabulário e gramática e livros de exercícios de italiano.

Sumário

Introdução *1*

   Sobre este Livro 1
   Convenções Usadas neste Livro 2
   Suposições Tolas 3
   Ícones Utilizados neste Livro 3
   Para Onde Prosseguir 4

Capítulo 1: Como dizer isso? Falando Italiano 5

   Você Já Sabe Alguma Coisa em Italiano 6
      Palavras familiares 7
      Expressões Populares 8
   Declamando: Pronúncia Básica 9
      Vogal "a" 10
      Vogal "e" 10
      Vogal "i" 10
      Vogal "o" 10
      Vogal "u" 10
      Consoantes que soam iguais
        em italiano e em português 11
      Consoante "c" 12
      Consoante "g" 12
      Consoante "h" 13
      Consoante "q" 13
      Consoante "r" 13
      Consoante "s" 14
      Consoante "z" 14
      Consoantes duplas 14
      Encontros consonantais 15
   Uso Adequado de Sílabas Tônicas 15

Capítulo 2: Dieta Gramatical: Só o Básico 17

   Formação de Sentenças Simples 17
   Lidando com os Gêneros das Palavras
   (Artigos e Adjetivos) 19
      Artigos Definidos Femininos 19
      Artigos Definidos Masculinos 19
      O Artigo Indefinido Feminino 20
      Os Artigos Indefinidos Masculinos 20

Guia de Conversação em Italiano Para Leigos

Adjetivos 21
Falando Sobre Pronomes 23
Pronomes Pessoais 23
    Pronomes Pessoais do Caso Obliquo-Átonos 25
    Pronomes Pessoais do Caso Obliquo-Tônicos 26
    Dizendo "você": formal e informal 28
Formação de Perguntas 29
Introdução aos Verbos Regulares e Irregulares 30
    Verbos Regulares 30
    Verbos Irregulares 32
Apresentando os Tempos Simples:
  Passado, Presente e Futuro 35
    Passado 35
    Presente 38
    Futuro 38

Capítulo 3: Sopa de Números: Todos os Tipos de Contagem 41

Contando Cardinais 41
Ordenando Ordinais 44
Falando sobre o Tempo 45
    As quatro estações 46
    Décadas 46
    Meses do ano 46
    Dias da semana 47
    Horas 48
Estar atrasado ou adiantado 49
    Pegando endereços e números de telefone 50
    Falando sobre ruas 50
    Descrição de sua casa 51
    Uso dos verbos "vivere" e "abitare" 52
Dinheiro, Dinheiro, Dinheiro 53
    Ir ao banco 53
    Trocando Dinheiro 55

Capítulo 4: Fazendo Novos Amigos e Batendo Papo 57

Saudações e Despedidas Comuns 57
    Decidindo dirigir-se a alguém
      formal ou informalmente 59
    Respondendo a um cumprimento 59
    Especificando seu reencontro 60
Descobrindo se alguém fala português 61

Pedindo Perdão?.. 62
Apresentações... 63
   Apresentando-se... 63
   Apresentando outras pessoas.. 64
Tornando-se Conhecido.. 66
   Falando de onde você vem... 66
   Ser você, estar lá: uso dos verbos
      "essere" e "stare" para descrever... 71
Falando sobre si e sobre a família... 73
Conversando sobre o clima... 74

Capítulo 5: Curtindo uma Bebida e um Lanche (ou Refeição)...77

Comendo e Bebendo à la Italiana... 77
O Início e o Término de um Jantar Fora... 81
   Reservas.. 81
   Pagamento da Conta.. 81
Tomando Café-da-Manhã... 82
Almoçando e Jantando.. 83
   Saboreando sopas italianas e massas... 84
   Uso dos verbos "prendere" e "volere"... 86
   Pedindo pelo cardápio.. 87
Saboreando a Sobremesa... 89

Capítulo 6: Comprar até Morrer!...91

Fazendo suas Compras por Departamentos.. 92
Falando com o Vendedor... 94
Dimensionando os Tamanhos Italianos.. 95
Escolha das Cores e dos Tecidos.. 96
Acessórios... 97
Saindo em estilo... 98
Comprando Alimentos... 98
   Carnes... 99
   Frutos do mar... 99
   Produtos agrícolas.. 100
   Produtos de panificação.. 102
Pagamento das Compras.. 103

Capítulo 7: Fazendo do Lazer uma Prioridade..........................105

Aquisição de Cultura.. 105
   Ir ao cinema.. 107
   Escolher a poltrona no teatro.. 108
   Ir a um show... 109
Convidando para se Divertir... 110

viii   Guia de Conversação em Italiano Para Leigos

Sair e Andar por Aí 112
   Curtir as maravilhas da natureza 112
   Fazer uma excursão 114
   Prática de esportes 114

Capítulo 8: Quando é Preciso Trabalhar 119

Loja da Conversa 119
   Profissões comuns 120
   O elemento humano 121
   Equipamentos de escritório 122
Batendo Papo ao Telefone 122
   Ligar de um telefone público 123
   Ligação de negócios ou por prazer 125
   Procurando Pessoas e Deixando Recados 126

Capítulo 9: Vou por Aí: Transportes 129

Superando o Aeroporto 129
   Fazendo check-in 130
   Aguardando para embarcar no avião 131
   Cuidando dos interesses após aterrissar 131
   Passando pela alfândega 132
Alugando um Carro 133
Navegando pelo Transporte Público 134
   Chamando um táxi 134
   Movimentando-se por trem 135
   Indo de ônibus ou de bonde 136
Pedindo Informações sobre Direções 138
   Perguntando sobre locais específicos 138
   Orientar-se 139
   Perguntar sobre distância 142
   Verbos de movimento 142
   Localizações que você pode estar procurando 144

Capítulo 10: Procurando um Lugar
para Esfriar a Cabeça 147

Reserva de Quartos 147
Fazendo Check-in e se Acomodando 149
Uso de Plurais e Pronomes 153
   Fazendo mais em italiano 153
   Personalização dos pronomes 155

Capítulo 11: Lidando com Emergências 159

Lidando com Problemas com o Automóvel 160
Falando com Médicos 162

Fui Roubado! Saiba o Que Fazer
    e Dizer Quando a Polícia Chegar 166
Quando um Advogado é Necessário 168

Capítulo 12: Dez Expressões Favoritas dos Italianos 171

Mamma mia! (Minha nossa!) 171
Che bello! (Que lindo!) 171
Uffa. (Argh!) 171
Che ne so! (Como vou saber?) 171
Magari! (Tomara!) 171
Ti sta bene! (Bem feito!) 172
Non te la prendere!
    (Não se aborreça/Não pense nisso!) 172
Che macello! (Que bagunça!) 172
Non mi va! (Não estou a fim!) 172
Mi raccomando! (Por favor, eu imploro!) 172

Capítulo 13: Dez Frases que lhe Fazem Parecer um Nativo 173

In bocca al lupo! (Boa sorte!) 173
Acqua in bocca! (Nem um piu!) 173
Salute! (Saúde!) 173
Macché! (Claro que não!) 173
Neanche per sogno! (Nem sonhando!) 174
Peggio per te! (Azar o seu!) 174
Piantala! (Pare com isso!) 174
Vacci piano! (Pega leve!) 174
Gatta ci cova! (Algo não cheira bem!) 174
Sono nel pallone (Estou numa sinuca de bico!) 174

Índice 175

A 5ª Onda — De Rich Tennant

"Até agora, você já chamou um riquixá, um uniciclista e um Zamboni. Tomara que aprenda a palavra italiana para táxi".

Introdução

Conforme a natureza da sociedade se torna cada vez mais internacional, saber dizer pelo menos algumas palavras em outras línguas se torna mais útil. Passagens aéreas baratas tornam a viagem ao exterior uma opção mais realista. Ambientes globais de negócios necessitam de viagens transoceânicas. Talvez você tenha amigos e vizinhos que falem outras línguas, ou pode entrar em contato com sua herança, aprendendo um pouco da língua que seus ancestrais falavam. Sejam quais forem suas razões para aprender um pouco de italiano, este livro pode ajudar. Não estamos prometendo fluência, mas se precisar cumprimentar alguém, comprar uma passagem ou fazer um pedido em um restaurante em italiano, não precisará procurar nada além de Frases em Italiano para Leigos.

Sobre Este Livro

Esta não é uma aula para a qual você precise se arrastar duas vezes por semana, por um período determinado de tempo. Pode usar este livro da forma que preferir, seja para aprender algumas palavras e frases que lhe ajudem a se virar quando visitar a Itália, ou seja apenas para poder dizer "Olá, tudo bem?" para seu vizinho italiano. Siga este livro no seu próprio ritmo, lendo muito ou pouco na hora que quiser. Não é necessário rastejar pelos capítulos em ordem, melhor, leia apenas as seções de seu interesse.

Se você nunca estudou italiano antes, talvez queira ler os Capítulos 1 e 2, antes de atacar os últimos. Esses capítulos dão alguns fundamentos necessários a respeito da língua, tais como a pronúncia de vários sons e formação de sentenças simples.

Convenções Usadas neste Livro

Para facilitar a leitura deste livro, definimos algumas convenções:

- Os termos em italiano estão em negrito para que se destaquem.
- A pronúncia em itálico segue os termos em italiano.
- Conjugações verbais (listas que mostram as formas de um verbo) são dadas em tabelas nesta ordem: a forma para "eu", a forma para "você" (informal), a forma para "você" (formal), a forma para "ele/ela", a forma para "nós", a forma para "vocês" (formal/informal) e a forma para "eles/elas". As pronúncias seguem na segunda coluna, junto com a tradução para o português, na terceira.

    Nas tabelas de conjugação, listamos os pronomes junto às formas verbais apenas para ajudá-lo a lembrar qual forma corresponde a qual pronome – em conversação, o pronome não é dito (veja mais sobre isso no Capítulo 2).

- A memorização de palavras e frases-chave é importante no aprendizado de uma língua. Então, reunimos as palavras importantes de cada capítulo em uma caixa de texto chamada "Palavras para Saber". Como os substantivos em italiano também têm a formação dos gêneros e dos plurais variados, indicamos o gênero com [f] para substantivos femininos e [m] para os masculinos.

    Junto às palavras em italiano, neste livro, encontrará as pronúncias entre parênteses. Separamos as sílabas com um hífen, assim: casa (kah-zah) (casa). Também sublinhamos a sílaba tônica, o que significa que a parte mais forte da palavra é a sílaba sublinhada. (Veja, no Capítulo 1, informações sobre sílabas tônicas).

Como cada língua tem sua própria forma de expressar ideias, as traduções dadas para o português podem não ser literais. Queremos que você compreenda o significado do que está sendo dito, não apenas quais palavras foram ditas. Por exemplo, a frase Mi dica (mi di-kah) pode ser traduzida literalmente como "Diga-me", mas seu significado real é "Pois não?" ou "Posso ajudar?". Esse livro apresenta a tradução "Pois não?".

_____Introdução   **3**

Suposições Tolas

Para escrever este livro, precisamos fazer suposições sobre quem você é e o que deseja. Essas são as suposições feitas:

- ✔ Você teve pouco ou nenhum contato com o italiano – ou, se estudou italiano em uma escola, lembra-se de muito pouco.
- ✔ Você não está procurando um livro que o torne fluente em italiano; quer apenas saber algumas palavras e frases para poder comunicar informações básicas.
- ✔ Você não quer memorizar longas listas de vocabulário ou uma montanha de regras gramaticais.
- ✔ Você quer se divertir e aprender um pouco de italiano ao mesmo tempo.

Se essas afirmações se aplicam a você, encontrou o livro certo!

Ícones Utilizados Neste Livro

Você pode estar procurando informações específicas ao ler este livro. Para facilitar que se encontrem os pontos importantes, colocamos os seguintes ícones nas margens do livro:

Esse ícone destaca dicas que podem facilitar a aprendizagem das palavras e frases em italiano.

Para garantir que não se esqueça de coisas importantes, esse ícone serve como lembrete, como um nozinho em seu dedo.

As línguas são cheias de peculiaridades que podem induzir a erro, se você não estiver pronto para elas. Este ícone aponta discussões dessas estranhas regras gramaticais.

Se estiver procurando informações culturais, procure por este ícone. Ele chama sua atenção para dicas interessantes sobre a Itália.

Para Onde Prosseguir

O aprendizado de uma língua se trata de pular dentro e tentar, não importa o quão ruim seja a sua pronúncia no início. Então pule! Comece pelo início ou escolha um capítulo de seu interesse. Em breve, saberá responder Sì! quando alguém perguntar Parla italiano?

Capítulo 1

Como dizer isso? Falando Italiano

Neste Capítulo
- Percebendo o italiano que você já conhece
- Apreciação dos cognatos
- Verificando expressões populares
- Iniciando com pronúncia básica em italiano

Provavelmente, você sabe que o italiano é uma língua neolatina, o que significa que o italiano, assim como o espanhol, o francês, o português e algumas outras línguas, é uma "filho" do latim. Houve um tempo em que o latim era a língua oficial em grande parte da Europa, porque os romanos dominavam muito naquela área. Antes da chegada dos romanos, as pessoas falavam suas próprias línguas, e a mistura dessas línguas originais com o latim produziu muitas das línguas e dos dialetos usados ainda hoje.

Como você conhece uma das línguas neolatinas, frequentemente é possível entender coisas das demais. Assim como membros da mesma família podem ser bastante parecidos, tendo características completamente diferentes, o mesmo acontece com as línguas. As mesmas contradições são encontradas nos dialetos (variações locais ou regionais da língua) na Itália e em outros países.

Se visitar a Itália, ouvirá diversos sotaques e dialetos ao viajar pelo país. Apesar do número de dialetos, poderá se surpreender ao descobrir que todo mundo entende o seu italiano e você entende o deles (os italianos não costumam falar em dialeto com estrangeiros).

Não queremos entrar em detalhes sobre essas diferenças regionais e locais aqui. A língua é um meio de comunicação entre as pessoas e, para falar com pessoas de outros países, você precisa encontrar uma forma de entendê-las e tornar-se mais claro. Como o uso de gestos para se fazer compreender pode ser cansativo, este capítulo apresenta algumas expressões úteis para facilitar a vida, pelo menos até onde o italiano está envolvido.

Você Já Sabe Alguma Coisa em Italiano

Os italianos adoram conversar. Eles não apenas gostam de se comunicar, mas também adoram sua língua, porque ela é muito melodiosa. Há um motivo para a ópera ser famosa!

Embora os italianos tenham muito orgulho de sua língua, eles permitiram que uma enxurrada de palavras inglesas entrasse nela. Eles falam, por exemplo, em gadgets, jogging e shock; usam com frequência a palavra okay; e uma vez que os computadores marcaram suas vidas, dizem cliccare sul mouse (klik-kah-reh sul mouse) (clicar o mouse). E os italianos são como a maioria quando estão com o controle remoto da TV nas mãos: com frequência, irá vê-los fazendo lo zapping (loh zap-ping) (trocando de canal).

Em contrapartida, muitas palavras italianas são conhecidas em países onde se falam outras línguas, como essas famosas palavras da área da culinária:

- **pizza** (pit-tsah)
- **spaghetti** (spah-geht-ti)
- **tortellini** (tohr-tehl-li-ni)
- **mozzarella** (moht-tsah-rehl-lah)
- **espresso** (ehs-prehs-soh)
- **cappuccino** (kahp-putch-tchi-noh)
- **tiramisù** (ti-rah-mi-su)

Capítulo 1: Como dizer isso? Falando Italiano

Você pode ter ouvido palavras de outras áreas, além da gastronomia, tais como as que seguem:

- **amore** (ah-moh-reh): a palavra "amor", sobre a qual tantas canções italianas falam.
- **avanti** (ah-vahn-ti): essa palavra é usada quando se quer dizer "entre!" ou também "vamos lá!" ou "mexa-se!"
- **bambino** (bahm-bi-noh): é um menino. O equivalente feminino é bambina (bahm-bi-nah).
- **bravo!** (brah-voh): você pode dizer essa palavra para parabenizar um único homem. A uma mulher, deve-se dizer Brava! (brah-vah). Para um grupo de pessoas, diz-se Bravi! (brah-vi), a menos que o grupo seja composto apenas de mulheres; nesse caso deve-se dizer Brave! (brah-veh).
- **ciao!** (tchah-oh): significa "olá" e "adeus".
- **scusi** (sku-zi): essa palavra significa "com licença" e "desculpe". É usada por pessoas que não se conhecem bem ou com quem se fala formalmente. Diz-se Scusa (sku-zah) para pessoas conhecidas e para crianças.

Palavras familiares

Além das palavras que se arrastaram diretamente para a língua, o italiano e o português têm muitos cognatos. Um cognato é uma palavra de uma língua que tem a mesma origem de uma palavra em outra língua e que pode soar parecida. Você pode ter uma visão imediata do que são os cognatos a partir dos exemplos a seguir:

- **aeroporto** (ah-eh-roh-pohr-toh) (aeroporto)
- **attenzione** (aht-tehn-tsi-oh-neh) (atenção)
- **comunicazione** (koh-mu-ni-kah-tsi-oh-neh) (comunicação)
- **importante** (im-pohr-tahn-teh) (importante)
- **incredibile** (in-kreh-di-bi-leh) (incrível, inacreditável)

Você provavelmente entende muito mais italiano do que pensa, porque o italiano e o português são cheios de cognatos. Para demonstrar, leia essa historinha com algumas palavras em italiano.

8   Guia de Conversação Italiano Para Leigos

Elas são tão semelhantes às palavras em português, que é possível compreendê-las facilmente.

> Parece impossibile (im-pohs-si-bi-leh) que ele esteja agora no aeroporto (ah-eh-roh-pohr-toh) em Roma. Ele sempre quis vir a esta città (tchit-tah). Quando sai à rua, primeiro ele chama um taxi (tah-ksi). Ele abre sua sacola para ver se tem a medicina (meh-di-tchi-nah) que o dottore (doht-toh-reh) lhe deu. Atravessando esse terribile traffico (tehr-ri-bi-leh trahf-fi-koh), ele passa por uma cattedrale (kaht-teh-drah-leh), algumas sculture (skul-tu-reh) e muitos palazzi (pah-laht-tsi). Tudo isso é muito impressionante (im-prehs-si-oh-nahn-teh). Ele sabe que será um passeio fantastico (fahn-tahs-ti-koh).

Expressões Populares

Todas as línguas têm expressões usadas com tanta frequência, que se tornam rotina. Por exemplo, quando você dá algo a alguém e a pessoa diz "obrigado", responde automaticamente "de nada!". Quando conhecemos estas expressões e sabemos usá-las, estamos a caminho de nos tornarmos falantes fluentes.

A Tabela 1-1 mostra algumas das expressões mais populares em italiano.

Tabela 1-1		Expressões Populares
Italiano	*Pronúncia*	*Tradução*
Accidenti!	ahtch-tchi-dehn-ti	Nossa! (positivo); Droga! Que saco! Raios! (negativo)
Andiamo!	ahn-di-ah-moh	Vamos!
Che bello!	keh behl-loh	Que bacana!
Che c'è?	keh tcheh	O que há?
D'accordo?	dahk-kohr-doh	De acordo? Ok?
D'accordo!	dahk-kohr-doh	De acordo! Ok!
Dai!	dah-i	Ora, vamos! Ande logo! Ande com isso!

(continua)

Capítulo 1: Como dizer isso? Falando Italiano

E chi se ne importa?	eh ki seh neh im-pohr-tah	Quem se importa?
È lo stesso.	eh loh stehs-soh	Dá na mesma.
Fantastico!	fahn-tahs-ti-koh	Maravilha!
Non fa niente.	nohn fah ni-ehn-teh	Não tem importância. (Essa frase é usada quando alguém se desculpa por algo).
Non c'è di che.	nohn tcheh di keh	Não há de que.
Permesso?	pehr-mehs-soh	Com licença? Posso passar? Posso entrar?
Stupendo!	stu-pehn-doh	Maravilha!, Fabuloso!
Va bene!	vah beh-neh	Ok!

Os italianos usam a expressão Permesso? todas as vezes que cruzam um limite para entrar em uma casa ou ao passar por uma multidão. Um equivalente mais familiar é Posso (pohs-soh) (Posso?)

Declamando: Pronúncia Básica

O italiano proporciona muitas oportunidades para que sua língua faça acrobacias. Nessa seção, damos algumas dicas básicas de pronúncia que são importantes tanto para surfar pelo livro quanto para uma boa articulação ao falar italiano (se tentar ler e pronunciar as palavras do italiano à moda brasileira, os falantes de italiano poderão ter problemas para compreender, assim como você, às vezes, tem dificuldade de compreender italianos falando português).

Comecemos com as fáceis: vogais. Elas são fáceis porque não será necessário lidar com novos sons.

O italiano tem cinco vogais: a, e, i, o e u. As próximas seções dizem como pronunciar cada uma delas.

A vogal "a"

Quando estrangeiros aprendem português, ficam chocados ao descobrir os diferentes sons que o "a" português pode ter. Em italiano, a letra a tem apenas uma pronúncia: pense apenas no som do "a" na palavra portuguesa casa. O som do "a" italiano é exatamente assim.

Para evitar que se recorra aos outros sons do "a" encontrados em português, transcrevemos o "a" italiano como (ah), como exibido anteriormente em casa (kah-zah) (casa).

A vogal "e"

Esqueça tudo o que sabe sobre o "e" português. Pense no som da palavra francesa gourmet (não se pronuncia o "t"). Esse som é muito próximo do "e" italiano. Nesse livro, transcrevemos o som do "e" como (eh), como na palavra peso (peh-zoh) (peso).

A vogal "i"

O "i" italiano é pronunciado simplesmente como (i), como na palavra portuguesa igreja. Aqui vão alguns exemplos:

- **vita** (vi-tah) (vida)
- **cinema** (tchi-neh-mah) (cinema)

A vogal "o"

O "o" italiano é pronunciado como chocolate em português. Portanto, listamos a pronúncia como (oh), como em dolce (dohl-tcheh).

A vogal "u"

O "u" italiano soa sempre como o u em português na palavra urubu. Portanto, usamos (u) para transcrever o "u" italiano. Aqui algumas palavras de amostra:

- **tu** (tu) (tu)
- **luna** (lu-nah) (lua)

Capítulo 1: Como dizer isso? Falando Italiano

Consoantes que soam iguais em italiano e em português

O italiano tem as mesmas consoantes que o português. A maioria delas é pronunciada da mesma forma em italiano, mas algumas têm diferenças perceptíveis. Comecemos com as fáceis e observe as que são pronunciadas de forma idêntica:

- **b:** como em bene (beh-neh) (bem)
- **d:** como em dare (dah-reh) (dar)
- **f:** como em fare (fah-reh) (fazer)
- **l:** como em ladro (lah-droh) (ladrão)
- **m:** como em madre (mah-dreh) (mãe)
- **n:** como em no (noh) (não)
- **p:** como em padre (pah-dreh) (pai)
- **t:** como em treno (treh-noh) (trem)
- **v:** como em vino (vi-noh) (vinho)

Algumas consoantes não existem, de fato, em italiano, exceto em algumas palavras estrangeiras que entraram no idioma.

- **j:** existe principalmente em palavras estrangeiras como jogging, junior e jeans.
- **k:** igual a j; encontrada em palavras como okay, ketchup e killer.
- **w:** encontra-se em algumas palavras estrangeiras (na maioria, palavras inglesas), como whisky, windsurf e wafer.
- **x:** como j, k e w, não existem em italiano, com a diferença que as palavras com "x" derivam em sua maioria do grego. Exemplos incluem xenofobia (kse-noh-foh-bi-a) (xenofobia) e xilofono (ksi-loh-foh-noh) (xilofone).
- **y:** a letra y normalmente aparece apenas em palavras estrangeiras como yogurt, hobby e yacht.

12 Guia de Conversação Italiano Para Leigos

A consoante "c"

O "c" italiano tem vários sons, dependendo da letra que o segue:

- Quando o "c" é acompanhado por "a", "o", "u" ou qualquer consoante, ele é pronunciado como na palavra portuguesa carro. Transcrevemos essa pronúncia como (k). Exemplos incluem colpa (kohl-pah) (culpa) e cuore (ku-oh-reh) (coração).

- Quando o "c" for seguido por "e" ou "i", pronuncia-se como as três primeiras letras de tchau em português; portanto, damos a pronúncia (tch). Exemplos incluem cibo (tchi-boh) (comida) e certo (tchehr-toh) (com certeza).

- Para que se tenha o som de "tch" antes de "a", "o" ou "u", é preciso inserir um "i". Esse i, no entanto, serve apenas para criar o som "tch"; ele não é pronunciado. Exemplos são ciao (tchah-oh) (olá; tchau), cioccolato (tchohk-koh-lah-toh) (chocolate) e ciuccio (tchuhtch-tcho) (a chupeta do bebê).

- Para ter o som de "k" antes de "e" e "i" é preciso colocar um h entre o "e" ou o "i". Exemplos são che (keh) (que), chiesa (ki-eh-zah) (igreja) e chiave (ki-ah-veh) (chave).

Esse esquema de pronúncia parece terrivelmente complicado, mas, no fim, não é tão difícil assim. Veja, a seguir, uma apresentação de outra forma:

casa	colpa	cuore	che		chiave	= k
cena	cibo	certo	cioccolato	ciao		= tch

A consoante "g"

O g italiano se comporta como o c. Portanto, será apresentado da mesma forma:

- Quando o "g" é acompanhado por "a", "o", "u" ou qualquer consoante, ele é pronunciado como na palavra portuguesa gato. Transcrevemos essa pronúncia como (g). Exemplos incluem gamba (gahm-bah) (perna), gomma (gohm-mah) (borracha) e gatto (gaht-toh) (gato).

Capítulo 1: Como dizer isso? Falando Italiano

- Quando o g for seguido por e ou i, pronuncia-se como na primeira letra da palavra portuguesa gigante, acrescido de um d anterior; portanto, escreveremos a pronúncia como (dj). Exemplos incluem gentile (djehn-ti-leh) (gentil) e giorno (djohr-noh).

- Para que se tenha o som "g" antes de e e i, é preciso colocar um h entre o h e o e ou i. Exemplos são spaghetti (spah-geht-ti) (espaguete), ghiaccio (gi-ahtch-tchoh) (gelo) e ghirlanda (gir-lahn-dah) (guirlanda).

Aqui está outro esquema para ajudar a lembrar das pronúncias:

| gamba | gomma | gatto | ghiaccio | spaghetti | = g |

| gentile | giorno | giacca | gioco | giudice | = dj |

A consoante "h"

A consoante "h" tem uma única função: mudar o som de c e g antes das vogais e e "i", como descrito anteriormente neste capítulo. Aparece também em expressões estrangeiras, como hostess, hit parade e hobby, e em algumas formas do verbo avere (ah-veh-reh) (ter), mas nesse caso é sempre mudo.

A consoante "q"

O q existe apenas junto com o "u" seguido por outra vogal; ou seja, sempre verá "q". O q é pronunciado como (k) e qu, portanto, é pronunciado como (ku). Exemplos incluem quattro (ku-aht-troh) (quatro), questo (ku-ehs-to) (isto) e quadro (ku-ah-droh) (quadro).

A consoante "r"

O "r" italiano é trinado no topo alveolar, que é a parte da frente de seu palato, logo atrás dos dentes frontais. No começo, pode achar que a pronúncia não é possível, mas a prática leva à perfeição!

Aqui estão algumas palavras para ajudá-lo a praticar:

- **radio** (rah-di-oh) (rádio)
- **per** favore (per fah-voh-reh) (por favor)
- **rumore** (ru-moh-reh) (barulho)

A consoante "s"

O "s", às vezes, é pronunciado como o "s" em português na palavra só. Nesse caso, daremos a pronúncia (s). Em outros casos, é pronunciado como o "z" em zero; nesses casos, usaremos (z) como pronúncia. Exemplos incluem pasta (pahs-tah) (massa), solo (soh-loh) (apenas), chiesa (ki-eh-zah) (igreja) e gelosia (djeh-loh-zi-ah) (ciúme).

A consoante "z"

Um único "z" é pronunciado (dz) cujo som é bastante semelhante ao da palavra portuguesa zero, com um "d" colocado no início, como em zio (dzi-oh) (tio). Tente. Quando o z é duplicado, ele é pronunciado de forma mais marcada, como (t-ts), como em tazza (taht-tsah) (xícara, caneca).

Consoantes duplas

Quando se encontram consoantes duplicadas em italiano, é preciso pronunciar cada instância da consoante ou prolongar o som. A parte difícil é que não há pausa entre as consoantes.

A duplicação da consoante costuma mudar o significado da palavra. Então, para garantir que seu italiano seja compreensível, enfatize bem as consoantes duplicadas. Para fazer com que você pronuncie as palavras com consoantes duplicadas corretamente, escrevemos a primeira consoante no fim de uma sílaba e a outra no início da sílaba seguinte, como nos exemplos:

- **nono** (noh-noh) (nono)
- **nonno** (nohn-noh) (avô)
- **capello** (kah-pehl-loh) (cabelo)
- **cappello** (kahp-pehl-loh) (chapéu)

Capítulo 1: Como dizer isso? Falando Italiano

Não se preocupe demais com a pronúncia das consoantes duplicadas, porque em uma conversa o contexto lhe ajuda a ser compreendido.

Encontros consonantais

Alguns encontros consonantais têm sons especiais em italiano:

- **gn** é pronunciado como o "nh" em português. O som, na verdade, é o mesmo de uma palavra portuguesa conhecida: senhorita.
- **sc** é pronunciado como a palavra inglesa scooter quando estiver antes de "a", "o", "u" ou "h" – ou seja, como em scala (skah-lah) (escala), sconto (skohn-toh) (desconto) e scuola (sku-oh-lah) (escola). Antes de "e" e "i", é pronunciado como o ch em cheque. Exemplos dessa pronúncia incluem scena (sheh-nah) (cena), scesa (sheh-zah) (descida) e scimmia (shim-mi-ah) (macaco).

Uso Adequado de Sílabas Tônicas

Acento é a marca audível que se coloca em uma sílaba ao falar. Uma sílaba sempre recebe mais acento que as demais. Neste livro, sublinhamos a sílaba tônica.

Algumas palavras dão uma dica sobre sua sílaba tônica: elas têm um acento gráfico (´) ou (`) sobre uma de suas letras. Aqui estão alguns exemplos:

- **caffè** (kahf-feh) (café)
- **città** (tchit-tah) (cidade)
- **lunedì** (lu-neh-di) (segunda-feira)
- **perché** (pehr-keh) (por quê)
- **però** (peh-roh) (mas)
- **università** (u-ni-vehr-si-tah) (universidade)
- **virtù** (vir-tu) (virtude)

Em italiano, só as vogais podem ter acentos. Todas as vogais no final de uma palavra podem ter esse acento (`), mas só o e pode ter tanto (`) quanto (´). A diferença fica apenas na pronúncia. Ou seja, è é pronunciado bem aberto como em café, enquanto é é mais fechado, como em patê.

Se não houver acento gráfico na palavra, infelizmente ficará por sua conta. Uma dica grosseira é que o italiano tende a ter a sílaba tônica na penúltima sílaba. Mas há regras e exceções demais para listar todas aqui!

Às vezes, a inclusão de um acento modifica o significado de uma palavra. Felizmente, só algumas palavras têm a mesma ortografia com apenas o acento para distingui-las, mas essa distinção pode ser muito importante. Por exemplo, e (eh) "e" (e) è (eh) (ele/ela é) são distinguíveis apenas pelo acento na vogal.

Capítulo 2

Dieta Gramatical: Só o Básico

Neste Capítulo
▶ Apresentando construção de sentenças simples
▶ Lidando com pronomes e palavras com gênero
▶ Conjugando verbos regulares e irregulares
▶ Trabalhando com diversos tempos verbais.

Cada língua tem padrões especiais de fala e de escrita que facilitam a compreensão. Se todos decidissem não seguir essas regras, teríamos maus momentos para compreender de mesmo alguém que falasse nossa língua nativa. Não veja a gramática como um fardo, e sim como um andaime que ajuda a construir sentenças. Vá em frente, arregace as mangas; neste capítulo, descobrirá como lançar as fundações com a estrutura correta das sentenças.

Formação de Sentenças Simples

Tornar-se falante fluente de uma língua estrangeira requer muito trabalho. Fazer-se compreender de forma simples em uma língua estrangeira é muito mais fácil. Mesmo que conheça apenas algumas palavras, geralmente é possível comunicar-se com sucesso em situações comuns, como em um restaurante ou hotel.

Formar sentenças simples é bem fácil. A estrutura básica de uma sentença em italiano é sujeito – verbo – objeto – assim como em português. Nos próximos exemplos, pode-se ver como funciona essa estrutura:

18 Guia de Conversação Italiano Para Leigos

> ✔ **Carla parla inglese.** (kahr-lah pahr-lah in-gleh-zeh) (Carla fala inglês).
>
> ✔ **Pietro ha una macchina.** (pi-eh-troh ah u-nah mahk-ki-nah) (Pietro tem um carro).

Uma marca do italiano é não por o sujeito antes do verbo quando o sujeito for um pronome pessoal como eu, você, ele, ela, e daí por diante. O verbo se modifica de acordo com seu sujeito, como em português. Como consequência, se você conhece as diferentes formas do verbo, automaticamente compreende quem é o sujeito. A forma do verbo diz quem é o sujeito oculto, como neste exemplo: ho una macchina (oh u-nah mahk-ki-nah) significa "tenho um carro".

A Tabela 2-1 mostra o verbo avere (ah-veh-reh) (ter) com pronomes funcionando como sujeito. A lista das formas verbais em ordem, como nessa tabela, é chamada de conjugação.

Tabela 2-1	Conjugação do Verbo *Avere*	
Italiano	*Pronúncia*	*Tradução*
io ho	i-oh oh	eu tenho
tu hai	tu ah-i	você tem (informal)
Lei ha	lei ah	você tem (formal)
lui/lei ha	lu-i/lei ah	ele/ela tem
noi abbiamo	noh-i ahb-bi-ah-moh	nós temos
Voi/voi avete	voh-i ah-veh-teh	vocês têm (formal/informal)
loro hanno	loh-roh ahn-noh	eles têm

Veja a seção "Dizendo você: formal e informal" mais adiante, neste capítulo, para uma explicação dos modos formal e informal em italiano.

Incluímos o sujeito nesta tabela apenas para permitir que veja qual forma verbal corresponde a qual pronome pessoal. Usando o verbo em uma sentença, porém, um italiano diria:

Capítulo 2: Dieta Gramatical: Só o Básico

- **Ho un cane.** (oh un kah-neh) (Tenho um cão).
- **Hai un cane.** (ah-i un kah-neh) (Tens um cão).

Os demais pronomes – ele, ela, nós, vocês, eles – seguem da mesma forma.

Quando o sujeito de uma sentença não estiver explícito – por exemplo, quando se fala em uma terceira pessoa ou quando a sentença é confusa – diga o sujeito. Uma vez nomeado, porém, o substantivo ou pronome é excluído, como neste exemplo:

Luca ha fame. Mangia una mela. (lu-kah ah fah-meh mahn-djah u-nah meh-lah) (Luca está com fome. [Ele] come uma maçã).

Lidando com os Gêneros das Palavras (Artigos e Adjetivos)

O italiano diferencia tanto o gênero quanto o número, assim como o português. O resultado é que o italiano usa alguns artigos para distinguir entre masculino/feminino e singular/plural.

Artigos Definidos Femininos

O artigo feminino singular é la (lah) – por exemplo, la casa (lah kah-zah) (a casa). Se o substantivo feminino começar com uma vogal, substitua o a em la e o espaço entre o artigo e o substantivo por uma apóstrofe – como em l'amica (lah-mi-kah) (a amiga). A maioria dos substantivos femininos termina em –a.

O artigo feminino plural é le (leh) – por exemplo, le case (leh kah-zeh) (as casas). Porém, nunca coloque apóstrofe para o artigo no plural; portanto, será le amiche (leh ah-mi-keh) (as amigas).

Artigos Definidos Masculinos

O italiano contém mais de um artigo masculino. O mais comum é il (il) (o), como em il gatto (il gaht-toh) (o gato). Sua forma plural é i (i), como em i gatti (i gaht-ti) (os gatos).

Guia de Conversação Italiano Para Leigos

- O italiano tem outro artigo masculino: lo (loh). Use lo nas seguintes situações:
- com substantivos que começam com "z", como em lo zio (loh dzi-oh) (o tio);
- com substantivos que começam com "y", como em lo yogurt (loh ioh-gurt) (o iogurte);
- com substantivos que começam com "gn", como em lo gnomo (loh nhoh-moh) (o gnomo);
- com substantivos que começam com um "s" seguido por uma consoante, como st, sb, sc e sd – por exemplo, lo studente (loh stu-dehn-teh) (o estudante);
- com substantivos que começam com uma vogal, como l'amico (lah-mi-koh) (o amigo). Como se pode ver, nesse caso, o "lo" é contraído.

A boa notícia é que o artigo no plural para todos esses casos é gli (lhi) (os), como em gli studenti (lhi stu-dehn-ti) (os estudantes) e gli amici (lhi ah-mi-tchi) (os amigos).

Muitos substantivos masculinos terminam em –o. Porém, muitas palavras em italiano terminam em –e e podem ser tanto masculinas quanto femininas.

O Artigo Indefinido Feminino

Os artigos indefinidos também têm um papel importante no italiano. O artigo indefinido feminino é una (u-nah) (uma) – por exemplo, una casa (u-nah kah-zah) (uma casa). Se um substantivo feminino começar com uma vogal, contraia o artigo, como em un'amica (u-nah-mi-kah) (uma amiga).

Os Artigos Indefinidos Masculinos

Assim como o italiano contém mais de um artigo definido masculino, também contém mais de um artigo indefinido masculino. O primeiro é un (un) (um), como em un gatto (un gaht-toh) (um gato). Sua forma plural é dei (deh-i) (uns).

Capítulo 2: Dieta Gramatical: Só o Básico 21

Em contraste com o artigo definido, o artigo indefinido não é contraído quando o substantivo que o segue começa com uma vogal. Portanto, se um substantivo masculino começar com uma vogal, será un amico (un ah-mi-koh) (um amigo). Nesse caso, a forma plural é degli, como em degli amici (alguns amigos).

Quando for necessário o artigo masculino definido "lo" (loh) (o), o correspondente indefinido é uno (u-noh) (um) – ou seja, uno studente (u-noh stu-dehn-teh) (um estudante). Nesse caso, a forma plural será novamente degli, como em degli studenti (alguns estudantes).

Adjetivos

O recurso de gênero dos substantivos se estende a outras categorias gramaticais, incluindo pronomes e adjetivos. Primeiro, vejamos os adjetivos.

Como o adjetivo e o substantivo modificado por ele estão gramaticalmente conectados, eles devem concordar em número e gênero. O adjetivo adota o número e o gênero do substantivo. Se, por exemplo, usar o adjetivo bello (behl-loh) (lindo) para se referir a uma casa, que é um substantivo feminino, a frase se tornará una bella casa (u-nah behl-lah kah-zah) (uma casa linda).

Aqui estão alguns exemplos de como os adjetivos se modificam de acordo com seus referentes:

- **il ragazzo italiano** (il rah-gahts-tsoh i-ta-li-ah-noh) (o garoto italiano)

  i ragazzi italiani (i rah-gahts-tsi i-ta-li-ah-ni) (os garotos italianos)

  la ragazza italiana (lah rah-gahts-tsah i-ta-li-ah-nah) (a garota italiana)

  le ragazze italiane (le rah-gahts-tseh i-ta-li-ah-neh) (as garotas italianas)

- Vários adjetivos terminam em –e, incluindo grande (grahn-de) (grande). Esses adjetivos são válidos tanto para substantivos femininos quanto para masculinos. No plural dos dois gêneros, modifique o –e para –i – por exemplo, grandi (grahn-di) (grandes).

il negozio grande (il neh-gohs-tsi-oh grahn-de)
(a loja grande)

i negozi grandi (i neh-gohs-tsi grahn-di)
(as lojas grandes)

la casa grande (la kah-zah grahn-de) (a casa grande)

le case grandi (le kah-zeh grahn-di)
(as casas grandes)

Em italiano, a posição do adjetivo não é muito rígida. Na maioria dos casos, o adjetivo segue o substantivo, mas alguns adjetivos podem vir antes do substantivo. A posição do adjetivo expressa uma leve diferença de significado – colocar o adjetivo depois do substantivo dá a ele uma certa ênfase. Ambas as frases abaixo significam "uma casa pequena", mas o segundo exemplo enfatiza o tamanho pequeno.

- **una piccola casa** (u-nah pik-koh-lah kah-zah)
- **una casa piccola** (u-nah kah-zah pik-koh-lah)

Outros adjetivos mudam de significado dependendo da posição, antes ou depois do substantivo. Nesses casos, sua posição é fixa ao significado. Aqui estão alguns exemplos:

- **una cara amica** (u-nah kah-rah ah-mi-kah) (uma amiga querida)

    un CD caro (un tchih-dih kah-roh) (um CD caro)

- **un certo signore** (un tchehr-to si-nho-reh) (um certo senhor)

    una cosa certa (u-nah koh-zah tchehr-tah) (uma coisa garantida)

- **diverse macchine** (di-vehr-seh mahk-ki-neh)
(vários carros)

    penne diverse (pehn-neh di-vehr-seh)
(lápis diferentes)

Capítulo 2: Dieta Gramatical: Só o Básico 23

- **un grand'uomo** (un grahn-du-oh-moh)
  (um grande homem)

  un uomo grande (un u-oh-moh grahn-deh)
  (um homem grande, alto)

- **un povero ragazzo** (un poh-veh-roh rah-gah-tsoh) (um pobre garoto)

  un ragazzo povero (un rah-gah-tsoh poh-veh-roh) (um garoto pobre, sem dinheiro)

- **una semplice domanda** (u-nah sehm-pli-tcheh doh-mahn-dah) (uma simples pergunta)

  una domanda semplice (u-nah doh-mahn-dah sehm-pli-tcheh) (uma pergunta simples)

- **l'única occasione** (lu-ni-kah ohk-kah-zi-oh-neh)
  (a única oportunidade)

  un'occasione única (u-nohk-kah-zi-oh-neh u-ni-kah) (uma oportunidade única)

Falando Sobre Pronomes

Um pronome substitui um substantivo. Ao falar sobre Luca, por exemplo, pode-se substituir seu nome por ele. Costumamos usar pronomes para evitar repetições.

Pronomes Pessoais

Existem vários tipos de pronomes pessoais. Os mais importantes são os pronomes do caso reto, que se referem ao(s) falante(s) eu ou nós; à(s) pessoa(s) com quem se fala, você(s); ou à(s) pessoa(s) sobre quem se fala ele, ela ou eles. A tabela 2-2 lista os pronomes do caso reto em italiano.

Guia de Conversação Italiano Para Leigos

Tabela 2-2	Pronomes Pessoais do Caso Reto	
Italiano	*Pronúncia*	*Tradução*
io	i-oh	eu
tu	tu	você (informal)
Lei	lei	você (formal)
lui	lu-i	ele
lei	lei	ela
esso/a	ehs-soh/sah	pronome neutro, singular
noi	noh-i	nós
Voi/voi	voh-i	vocês (informal, formal)
loro	loh-roh	eles
essi/e	ehs-si/seh	pronome neutro, plural

Os italianos costumam deixar de lado os pronomes do caso reto, porque a terminação do verbo mostra quem é o sujeito. Use um pronome pessoal do caso reto apenas para contrastar, para enfatizar ou quando o pronome estiver sozinho.

- Contraste: Tu tifi per il Milan, ma io per la Juventus. (tu ti-fi pehr il mi-lahn mah i-oh pehr lah yu-vehn-tus) (Você torce pelo Milan, mas eu torço pela Juventus).

- Ênfase: Vieni anche tu alla festa? (vi eh-ni ahn-keh tu ahl-lah fehs-tah) (Você também vem à festa?)

- Posição isolada: Chi è? Sono io. (ki eh soh-noh i-oh) (Quem é? Sou eu)

Os pronomes, no entanto, são usados para substituir algo ou alguém já mencionado, evitando repetições.

Pronomes Pessoais do Caso Oblíquo – Átonos

Como explica o nome, o pronome do caso oblíquo átono está diretamente conectado ao verbo e não precisa de preposição. Alguns exemplos dos pronomes oblíquos átonos em português são:

- Eu a vi.
- Ela o chamou.
- Você os aprecia?
- Sinto-me desnecessário.

Você certamente está curioso para saber como esses pronomes são em italiano. A Tabela 2-3 tem as respostas.

Tabela 2-3	Pronomes Pessoais do Caso Oblíquo – Átonos	
Italiano	*Pronúncia*	*Tradução*
mi	mi	me
ti	ti	te (informal)
La	lah	te (formal)
lo/la	loh/lah	o/a
ci	tchi	nos
Vi/vi	vi	vos (formal, informal)
li	li	os
le	leh	as

Aqui estão alguns exemplos destes pronomes em contexto:

- **Mi hai chiamato?** (mi ah-i ki-ah-mah-toh) (Você me chamou?)
- **No, non ti ho chiamato.** (noh non ti oh ki-ah-mah-toh) (Não, não te chamei)
- **Vorrei ringraziara.** (vohr-rei rin-grah-tsi-ahr-lah) (Gostaria de agradecer-lhe [formal]).

26 Guia de Conversação Italiano Para Leigos

- **Lo vedo.** (loh veh-doh) (O vejo)
- **La vedo.** (lah veh-doh) (A vejo)
- **Ci hanno invitati.** (tchi ahn-noh in-vi-tah-ti) (Eles nos convidaram)
- **Vi ringrazio.** (vi rin-grah-tsi-oh) (Eu vos agradeço [formal e informal])
- **Li ho visti.** (i ragazzi). (li oh vis-ti) (Eu os vi).
- **Le ho viste.** (le ragazze). (leh oh vis-te) (Eu as vi).

Contraia lo (loh) (o) e la (lah) (a) antes de uma vogal. Ocasionalmente contrairá também mi (mi) (me), ti (ti) (te), ci (tchi) (nos) e vi (vi) (vos). Mas nunca use apóstrofe para contrair as formas do plural li (li) (os) e le (le) (as).

Pronomes Pessoais do Caso Oblíquo – Tônicos

Os pronomes pessoais do caso oblíquo (tônicos) podem causar um pouco de dificuldade, pois o objeto indireto significa "para" ou "a", que nem sempre está evidente. Em geral, certos verbos ditam o uso dos pronomes tônicos do caso oblíquo – por exemplo, dare a (dah-reh ah) (dar a). Verifique na Tabela 2-4 uma lista destes pronomes.

Tabela 2-4		Pronomes Pessoais do Caso Oblíquo – Tônicos
Italiano	*Pronúncia*	*Tradução*
mi	mi	para mim
ti	ti	para ti (informal)
Le	leh	para ti (formal)
gli	lhi	para ele
le	leh	para ela
ci	tchi	para nós
Vi/vi	vi	para vocês (formal, informal)
gli	lhi	para eles

Capítulo 2: Dieta Gramatical: Só o Básico 27

Aqui estão alguns exemplos destes pronomes em contexto:

- **Mi hai scritto una lettera?** (mi ah-i skrit-toh u-nah leht-teh-rah) (você escreveu uma carta para mim?)
- **Ti ho portato un regalo.** (ti oh pohr-tah-to un reh-gah-loh) (eu trouxe um presente para você)
- **Le do il mio indirizzo.** (leh doh il mi-oh in-di-rits-tsho) (eu dou meu endereço a você – formal)
- **Gli ho chiesto un favore.** (lhi oh ki-ehs-toh un fah-voh-reh) (eu pedi um favor a ele/a eles)
- **Le ho dato un bacio.** (leh oh dah-toh un bah-tcho) (eu dei um beijo nela)
- **Ci hanno telefonato.** (tchi ahn-noh teh-leh-foh-nah-toh) (ligaram para nós)
- **Vi chiedo scusa.** (vi ki-eh-doh sku-zah) (eu peço perdão a vocês – formal e informal)
- **Gli ho dato un lavoro.** (lhi oh dah-toh un lah-voh-roh) (eu dei um emprego a ele/a eles)

Note que todos estes pronomes tônicos significam, respectivamente:

- **a me** (ah meh) (para mim)
- **a te** (ah teh) (para você [informal])
- **a Lei** (ah lei) (para você [formal])
- **a lui** (ah lu-i) (para ele)
- **a lei** (ah lei) (para ela)
- **a noi** (ah noh-i) (para nós)
- **a Voi/voi** (ah voh-i) (para vocês [formal e informal])
- **a loro** (ah loh-roh) (para eles)

Portanto, é possível escrever as duas primeiras sentenças acima como segue:

- **Hai scritto una lettera a me?** (ah-i skrit-toh u-nah leht-teh-rah ah meh) (você escreveu uma carta para mim?)

✔ **Ho portato un regalo a te.** (oh pohr-tah-to un reh-gah-loh ah teh) (eu trouxe um presente para você)

Dizendo "você": formal e informal

Provavelmente você já sabe que muitas línguas estrangeiras contêm maneiras formais e informais para se dirigir às pessoas. Em italiano, usa-se o pronome informal tu (tu) (você) com amigos próximos, jovens, crianças e com a família. Ao falar com uma pessoa que não se conhece bem ou com uma pessoa de posição mais alta (um superior ou um professor, por exemplo), deve-se dirigir-se a ele ou ela formalmente, com Lei (lei) (você). Ao tornar-se mais familiar com alguém, pode modificar o tratamento do formal para o informal. De acordo com o costume, a pessoa mais velha inicia o uso de tu.

Note que os pronomes formais são sempre iniciados com maiúscula, enquanto os informais, não. Não pense muito no motivo, apenas lembre-se da regra quando estiver lendo ou escrevendo em italiano.

O pronome Tu requer o verbo na forma da segunda pessoa do singular – por exemplo, a conjugação de essere (ehs-seh-reh) (ser) produz tu sei (tu sei) (você é). Lei requer a terceira pessoa do singular feminino – independentemente do gênero da pessoa com quem se fala – por exemplo, Lei è (lei eh) (você é [formal]).

Os próximos exemplos mostram as formas de você, usando conjugações para o verbo stare (stah-reh) (estar). Lembre-se de que, em italiano, não se nomeia o pronome antes do verbo, porque a conjugação dele faz com que isso seja desnecessário (veja a seção "Formação de Sentenças Simples" anteriormente neste capítulo).

✔ **Informal singular:** Ciao, come stai? (tchah-oh koh-meh stah-i) (Oi, como vai?)

✔ **Formal singular:** Buongiorno, come sta? (bu-ohn djohrn-noh / bu-oh-nah-seh-rah koh-meh stah) (Bom dia, como vai?)

✔ **Informal plural:** Ciao, come state? (tchah-oh koh-meh stah-teh) (Oi, como vão vocês?)

Capítulo 2: Dieta Gramatical: Só o Básico 29

✔ **Formal plural:** Buongiorno/Buonasera, come state? (bu-ohn djohrn-noh / bu-oh-nah-seh-rah koh-meh stah-teh) (Bom dia, como vão vocês?)

Formação de Perguntas

Em italiano, a formação de perguntas é muito fácil. Uma pergunta tem a mesma estrutura de uma afirmação, como em português. Identifica-se a pergunta apenas pela entonação na língua falada e pelo uso de um ponto de interrogação na língua escrita. Por exemplo:

Luca va a scuola.	**Luca va a scuola?**
lu-kah vah ah sku-oh-lah	lu-kah vah ah sku-oh-lah
Luca vai à escola.	Luca vai à escola?

O italiano também contém pronomes interrogativos (quando, onde, o quê e daí por diante) com os quais se podem começar perguntas. A Tabela 2-5 lista estes pronomes-chave.

Tabela 2-5		Pronomes Interrogativos
Italiano	*Pronúncia*	*Tradução*
Chi?	ki	Quem?
Che?	keh	O quê?
Cosa?	koh-zah	O quê? (essa é a melhor forma)
Quando?	ku-ahn-doh	Quando?
Dove?	doh-veh	Onde?
Perché?	pehr-keh	Por quê?
Come?	koh-meh	Como?
Quanto?	ku-ahn-toh	Quanto?
Quale?	ku-ah-leh	Qual?

Alguns exemplos de perguntas de amostra usando esses pronomes interrogativos são:

- **Chi è?** (ki eh) (Quem é?)
- **Che ore sono?** (keh oh-reh soh-noh) (Que horas são?)
- **Cosa stai facendo?** (koh-zah stah-i fah-tchehn-doh) (O que você está fazendo?)
- **Quando arrivi?** (ku-ahn-doh ahr-ri-vi) (Quando você chega?)
- **Dov'è la stazione?** (doh-veh lah stah-tsi-oh-neh) (Onde fica a estação?)
- **Perché va a Milano?** (pehr-keh vah ah mi-lah-noh) (Por que você vai a Milão?)
- **Come stai?** (koh-meh stah-i) (Como vai?)
- **Quanto dura il volo?** (ku-ahn-toh du-rah il voh-loh) (Quanto dura o voo?)
- **Quale è l'autobus per il centro?** (ku-ah-leh eh lah-u-toh-bus pehr il tchehn-troh) (Qual ônibus vai ao centro?)

Introdução aos Verbos Regulares e Irregulares

Qual a diferença entre os verbos regulares e irregulares? Os verbos regulares seguem um certo padrão: eles se comportam da mesma forma que outros verbos da mesma categoria. Portanto, é possível prever a forma de um verbo regular em qualquer tempo. Não é possível prever verbos irregulares dessa maneira – eles se comportam de forma um pouco individualista.

Verbos Regulares

É possível dividir os verbos italianos em três categorias, de acordo com a terminação de sua forma infinitiva. Elas são:

- **–are,** como em **parlare** (pahr-lah-reh) (falar)
- **–ere,** como em **vivere** (vi-veh-reh) (viver)
- **–ire,** como em **partire** (pahr-ti-reh) (partir)

Capítulo 2: Dieta Gramatical: Só o Básico

Os verbos nessas categorias podem ser tanto regulares quanto irregulares. A Tabela 2-6 mostra a conjugação (as diferentes formas) dos três verbos regulares.

Tabela 2-6   Conjugação dos Verbos Regulares Parlare, Vivere e Partire

Italiano	Pronúncia	Tradução
parlare	**pahr-lah-reh**	**falar**
io parlo	i-oh pahr-loh	eu falo
tu parli	tu pahr-li	você fala (informal)
Lei parla	lei pahr-lah	você fala (formal)
lui/lei parla	lu-i/lei pahr-lah	ele/ela fala
noi parliamo	noh-i pahr-li-ah-moh	nós falamos
Voi/voi parlate	voh-i pahr-lah-teh	vocês falam (formal; informal)
loro parlano	loh-roh pahr-lah-noh	eles falam
vivere	**vi-veh-reh**	**viver**
io vivo	i-oh vi-voh	eu vivo
tu vivi	tu vi-vi	você vive (informal)
Lei vive	lei vi-veh	você vive (formal)
lui/lei vive	lu-i/lei vi-veh	ele/ela vive
noi viviamo	noh-i vi-vi-ah-moh	nós vivemos
Voi/voi vivete	voh-i vi-veh-teh	vocês vivem (formal; informal)
loro vivono	loh-roh vi-voh-noh	eles vivem
partire	**pahr-ti-reh**	**partir**
io parto	i-oh pahr-toh	eu parto
tu parti	tu pahr-ti	você parte (informal)

(continua)

Lei parte	lei pahr-teh	você parte (formal)
luí/lei parte	lu-i/lei pahr-teh	ele/ela parte
noi partiamo	noh-i pahr-ti-ah-moh	nós partimos
Voi/voi partite	voh-i pahr-ti-teh	vocês partem (formal; informal)
loro partono	loh-roh pahr-toh-noh	eles partem

É possível aplicar esses padrões a todos os verbos regulares. Alguns verbos regulares se comportam de forma um pouco diferente, mas isso não os torna irregulares. Em alguns casos, tais como verbos –ire, inserem-se as letras –isc– entre a raiz e a terminação, como em capire (kah-pi-reh) (compreender). Veja na Tabela 2-7 a conjugação deste verbo.

Tabela 2-7 Conjugação do Verbo Regular Capire

Italiano	*Pronúncia*	*Tradução*
io capisco	i-oh kah-pis-koh	eu entendo
tu capisci	tu kah-pi-chi	você entende (informal)
Lei capisce	lei kah-pi-che	você entende (formal)
lui/lei capisce	lu-i/lei kah-pi-che	ele/ela entende
noi capiamo	noh-i kah-pi-ah-mo	nós entendemos
Voi/voi capite	voh-i kah-pi-teh	vocês entendem (formal; informal)
loro capiscono	loh-roh kah-pis-koh-noh	eles entendem

Verbos Irregulares

Dois verbos importantes que frequentemente são usados como verbos auxiliares ou "de ajuda" são irregulares – avere (ah-veh-reh) (ter) e essere (ehs-seh-reh) (ser). Veja na Tabela 2-8 as conjugações destes verbos.

Tabela 2-8   Conjugação dos Verbos Irregulares Avere e Essere

Italiano	Pronúncia	Tradução
avere	**ah-veh-reh**	**ter**
io ho	i-oh oh	eu tenho
tu hai	tu ah-i	você tem (informal)
Lei ha	lei ah	você tem (formal)
lui/lei ha	lu-i/lei ah	ele/ela tem
noi abbiamo	noh-i ahb-bi-ah-mo	nós temos
Voi/voi avete	voh-i ah-veh-teh	vocês têm (formal; informal)
loro hanno	loh-roh ahn-noh	eles têm
essere	ehs-seh-reh	ser
io sono	i-oh soh-noh	eu sou
tu sei	tu sei	você é (informal)
Lei è	lei eh	você é (formal)
lui/lei è	lu-i/lei eh	ele/ela é
noi siamo	noh-i si-ah-mo	nós somos
Voi/voi siete	voh-i si-eh-teh	vocês são (formal; informal)
loro sono	loh-roh soh-noh	eles são

Outros dois verbos irregulares comuns são andare (ahn-dah-reh) (ir) e venire (veh-ni-reh) (vir). Veja na Tabela 2-9 suas conjugações.

Tabela 2-9   Conjugação dos Verbos Irregulares Andare e Venire

Italiano	Pronúncia	Tradução
andare	**ahn-dah-reh**	**ir**
io vado	i-oh vah-doh	eu vou
tu vai	tu vah-i	você vai (informal)

(continua)

Guia de Conversação Italiano Para Leigos

Lei va	lei vah	você vai (formal)
lui/lei va	lu-i/lei vah	ele/ela vai
noi andiamo	noh-i ahn-di-ah-mo	nós vamos
Voi/voi andate	voh-i ahn-dah-teh	vocês vão (formal; informal)
loro vanno	loh-roh vahn-noh	eles vão
venire	**veh-ni-reh**	**vir**
io vengo	i-oh vehn-goh	eu venho
tu vieni	tu vi-eh-ni	você vem (informal)
Lei viene	lei vi-eh-neh	você vem (formal)
lui/lei viene	lu-i/lei vi-eh-neh	ele/ela vem
noi veniamo	noh-i veh-ni-ah-mo	nós vimos
Voi/voi venite	voh-i veh-ni-teh	vocês vêm (formal; informal)
loro vengono	loh-roh vehn-goh-noh	eles vêm

Além disso, o verbo terminado em –rre, como em porre (pohr-reh) (colocar) é exclusivamente irregular, como mostra a Tabela 2-10.

Tabela 2-10   Conjugação do Verbo Irregular Porre

Italiano	*Pronúncia*	*Tradução*
io pongo	**i-oh pohn-goh**	**eu ponho**
tu poni	tu poh-ni	você põe (informal)
Lei pone	lei poh-neh	você põe (formal)
lui/lei pone	lu-i/lei poh-neh	ele/ela põe
noi poniamo	noh-i poh-ni-ah-mo	nós pomos
Voi/voi ponete	voh-i poh-ni-teh	vocês põem (formal; informal)
loro pongono	loh-roh pohn-goh-noh	eles põem

Apresentando os Tempos Simples: Passado, Presente e Futuro

Claramente, as pessoas usam mais de um tempo verbal. Às vezes, é necessário relatar o que foi feito ontem ou esboçar o que será feito amanhã. O passado, o presente e o futuro não são alta gramática – apenas coisas básicas.

Passado

Ao falar sobre algo que aconteceu no passado, costuma-se usar o passato prossimo (pahs-sah-toh prohs-si-moh) em italiano, que corresponde ao pretérito perfeito em português: eu fiz.

O passato prossimo é um tempo composto: consiste de mais de uma palavra. Aqui estão alguns exemplos em italiano:

- **Ho ascoltato un CD**. (oh ahs-kohl-tah-toh un tchi-di) (Escutei um CD)
- **Ho parlato con lui**. (oh pahr-lah-toh kohn lui) (Falei com ele)

A estrutura do passato prossimo é composta do presente do verbo avere (ah-veh-reh) (ter) mais o particípio passado do verbo que descreve o que ocorreu. Nos exemplos anteriores, ascoltato (ahs-kohl-tah-toh) (escutado) é o particípio passado de ascoltare (ahs-kohl-tah-reh) (escutar), e parlato (pahr-lah-toh) (falado) é o particípio passado de parlare (pahr-lah-reh) (falar).

O particípio passado é a forma de um verbo que também pode ser um adjetivo. Por exemplo, "falado" é o particípio passado do verbo "falar". A Tabela 2-11 dá os infinitivos e particípios passados de alguns verbos que usam alguma forma do verbo avere (ah-veh-reh) (ter).

Guia de Conversação Italiano Para Leigos

Tabela 2-11	Particípios Passados Usando Avere – Ter
Infinitivo	*Particípio Passado*
ascoltare (ahs-kohl-tah-reh) (escutar)	**ascoltato** (ahs-kohl-tah-toh) (escutado)
ballare (bahl-lah-reh) (dançar)	**ballato** (bahl-lah-toh) (dançado)
comprare (kohm-prah-reh) (comprar)	**comprato** (kohm-prah-toh) (comprado)
conoscere (koh-no-cheh-reh) (conhecer, encontrar pela 1ª vez)	**conosciuto** (koh-noh-chu-toh) (conhecido, encontrado pela 1ª vez)
dire (di-reh) (dizer, contar)	**detto** (deht-toh) (dito, contado)
fare (fah-reh) (fazer)	**fatto** (faht-toh) (feito)
incontrare (in-kohn-trah-reh) (encontrar)	**incontrato** (in-kohn-trah-toh) (encontrado)
leggere (lehdj-djeh-reh) (ler)	**letto** (leht-toh) (lido)
pensare (pehn-sah-reh) (pensar)	**pensato** (pehn-sah-toh) (pensado)
scrivere (skri-veh-reh) (escrever)	**scritto** (skrit-toh) (escrito)
telefonare (teh-leh-foh-nah-reh) (telefonar)	**telefonato** (teh-leh-foh-nah-toh) (telefonado)
vedere (veh-deh-reh) (ver)	**visto** (vis-toh) (visto)

Nem todos os verbos requerem o auxiliar avere (ter). A maioria dos verbos que indicam movimento precisa do verbo essere (ehs-seh-reh) (ser) para construir o passato prossimo:

- **Anna è andata al mare**. (ahn-nah eh ahn-dah-tah ahl mah-reh) (Ana foi à praia).
- **Carlo è appena uscito**. (kahr-loh eh ahp-peh-nah u-chi-toh) (Carlo acabou de sair).

Capítulo 2: Dieta Gramatical: Só o Básico 37

Estes exemplos diferem dos anteriores de duas formas: o primeiro verbo é uma forma do presente de essere (ehs-seh-reh) (ser) em vez de avere (ah-veh-reh) (ter), e um dos particípios passados termina em –a (andata) e o outro termina em –o (uscito).

O motivo dessas diferenças é que em um caso o sujeito é uma mulher, Anna, e no outro caso o sujeito é um homem, Carlo. Quando o passato prossimo é composto com o presente de essere (ser), o particípio passado termina de acordo com o sujeito:

- Feminino singular –a (andata)
- Masculino singular –o (andato)
- Feminino plural –e (andate)
- Masculino plural –i (andati)
- Masculino/feminino juntos plural –i (andati)

A Tabela 2-12 lista os particípios passados dos verbos que indicam movimento e usam essere para construir o passato prossimo.

Tabela 2-12	Particípios Passados Usando Essere – Ser
Infinitivo	*Particípio Passado*
andare (ahn-dah-reh) (ir)	andata/-o/-e/-i (ahn-dah-tah/toh/teh/ti) (ido)
arrivare (ahr-ri-vah-reh) (chegar)	arrivata/-o/-e/-i (ahr-ri-vah-tah/toh/teh/ti) (chegado)
entrare (ehn-trah-reh) (entrar)	entrata/-o/-e/-i (ehn-trah-tah/toh/teh/ti) (entrado)
partire (pahr-ti-reh) (partir)	partita/-o/-e/-i (pahr-ti-tah/toh/teh/ti) (partido)
tornare (tohr-nah-reh) (voltar)	tornata/-o/-e/-i (tohr-nah-tah/toh/teh/ti) (voltado)

Apresentamos aqui um aspecto da formação dos verbos em italiano que pode confundir. O particípio passado do verbo essere (ehs-seh-reh) (ser) é formado com o uso do próprio essere. Então dizemos Sono stata al cinema (soh-noh stah-tah ahl tchi-neh-mah) (Fui ao cinema).

Os dois verbos, essere e stare (stah-reh) (estar), quando usados sozinhos, recebem essere no passato prossimo:

Infinitivo	Particípio Passado
essere (ehs-seh-reh) (ser)	**stata/-o/-e/-i** (stah-tah/toh/teh/ti) (sido)
stare (stah-reh) (estar)	**stata/-o/-e/-i** (stah-tah/toh/teh/ti) (estado)

Presente

O presente não requer muita atenção: dê uma olhada na construção de sentenças simples e nas formas verbais discutidas anteriormente nesta seção.

Futuro

O futuro em italiano não tem uma forma composta como em português (eu vou...). A forma do verbo – ou mais precisamente, a terminação verbal – inclui a indicação do tempo.

Por exemplo, examine o verbo parlare (pahr-lah-reh) (falar), que pertence à família de verbos terminados em –are. Ao tirar a terminação, sobra apenas a raiz do verbo parl-, à qual é possível acrescentar terminações que indicam a pessoa gramatical e o tempo.

Por exemplo, a terminação para a primeira pessoa do singular no futuro é –erò/–irò. Acrescentando-a à raiz obtém-se parlerò (pahr-leh-roh) (vou falar). Em comparação, a primeira pessoa do singular presente é parlo (pahr-loh) (falo). Aqui estão mais alguns exemplos:

Capítulo 2: Dieta Gramatical: Só o Básico 39

- **Domani saprò i risultati.** (doh-mah-ni sah-proh i ri-zul-tah-ti) (Amanhã eu vou saber os resultados).
- **Lunedì vedrai Marco.** (lu-neh-di veh-drah-i mahr-koh) (Segunda-feira você vai ver o Marco).
- **Elena partirà domenica.** (eh-leh-nah pahr-ti-rah doh-meh-ni-kah) (Elena vai partir domingo).
- **Finiremo il lavoro fra poco.** (fi-ni-reh-moh il lah-voh-roh frah poh-koh) (Vamos acabar esse serviço logo).
- **Quando uscirete dalla chiesa?** (ku-ahn-doh u-chi-reh-teh dahl-lah ki-eh-zah) (Quando vocês vão sair da igreja?)
- **Verranno da noi in estate.** (vehr-rahn-no dah noh-i in ehs-tah-teh) (Eles vão vir na nossa casa no verão).

Capítulo 3

Sopa de Números: Todos os Tipos de Contagem

Neste Capítulo
▶ Contando além dos seus dedos
▶ Referindo-se a anos, meses, dias e horários
▶ Dando direções
▶ Trabalhando com dinheiro

Não se consegue ir longe sem saber os números, mesmo para jogar conversa fora. Alguém pode perguntar sua idade ou por quantos dias está visitando o local. Os números são usados nos restaurantes, para lidar com dinheiro e para encontrar endereços. Este capítulo ira ajudá-lo a navegar por estas situações, dando vocabulário relacionado à contagem.

Contando Cardinais

Números cardinais são a forma mais básica usada para contar: 1, 2, 3 e daí por diante. A Tabela 3-1 dá os números cardinais – eles podem ser usados para formar aqueles que não foram incluídos.

Tabela 3-1 Números Cardinais

Italiano	Pronúncia	Número
zero	dzeh-roh	0
uno	u-noh	1
due	du-eh	2
tre	treh	3
quattro	ku-aht-troh	4
cinque	tchin-ku-eh	5
sei	sei	6
sette	seht-teh	7
otto	oht-toh	8
nove	noh-veh	9
dieci	di-eh-tchi	10
undici	un-di-tchi	11
dodici	do-di-tchi	12
tredici	treh-di-tchi	13
quattordici	ku-aht-tohr-di-tchi	14
quindici	ku-in-di-tchi	15
sedici	seh-di-tchi	16
diciassette	di-tchahs-seht-teh	17
diciotto	di-tchoht-toh	18
diciannove	di-tchahn-noh-veh	19
venti	vehn-ti	20
ventuno	vehn-tu-noh	21
ventidue	vehn-ti-du-eh	22
ventitre	vehn-ti-treh	23
ventiquattro	vehn-ti-ku-aht-troh	24

(continua)

Capítulo 3: Sopa de Números: Todos os Tipos de Contagem

venticinque	vehn-ti-tchin-ku-eh	25
ventisei	vehn-ti-sei	26
ventisette	vehn-ti-seht-teh	27
ventotto	vehn-toht-toh	28
ventinove	vehn-ti-noh-veh	29
trenta	trehn-tah	30
quaranta	ku-ah-rahn-tah	40
cinquanta	tchin-ku-ahn-tah	50
sessanta	sehs-sahn-tah	60
settanta	seht-tahn-tah	70
ottanta	oht-tahn-tah	80
novanta	noh-vahn-tah	90
cento	tchehn-toh	100
duecento	du-eh-tchehn-toh	200
trecento	treh-tchehn-toh	300
quattrocento	ku-aht-troh-tchehn-toh	400
cinquecento	tchin-ku-eh-tchehn-toh	500
seicento	sei-tchehn-toh	600
settecento	seht-teh-tchehn-toh	700
ottocento	oht-toh-tchehn-toh	800
novecento	noh-veh-tchehn-toh	900
mille	mil-leh	1.000
duemila	du-eh-mi-lah	2.000
un milione	un mi-li-oh-neh	1.000.000
due milioni	du-eh mi-li-oh-ni	2.000.000
un miliardo	un mi-li-ahr-doh	1.000.000.000

44   Guia de Conversação Italiano Para Leigos

Toda língua segue certo esquema para formular números maiores. Em italiano, como em português, o valor mais alto precede o mais baixo, de modo que para dizer "22", por exemplo, diz-se venti (vehn-ti) (20) e depois due (du-eh) (2) e eles simplesmente são unidos: ventidue (vehn-ti-du-eh). O mesmo é verdade em relação aos números maiores, como trecentoventidue (treh-tchehn-toh-vehn-ti-du-eh) (322) e duemilatrecentoventidue (du-eh-mi-lah-treh-tchehn-toh-vehn-ti-du-eh) (2.322).

Quando duas vogais se encontram – isso acontece frequentemente com números que usam uno (u-noh) (1) e otto (oht-toh) (8) como sufixos – elimina-se a primeira vogal, como em ventuno (vehn-tu-noh) (21) e quarantotto (ku-ah-rahn-toht-toh) (48).

Infelizmente, toda regra tem exceções e há alguns números irregulares que simplesmente têm que ser memorizados. Os números de 11 a 19 seguem suas próprias regras – veja na Tabela 3-1 como pronunciá-los. Vê-se que até o número 16, a regra é invertida – o número menor precede o número maior. Os números 17, 18 e 19 seguem a regra número-maior-primeiro, mas são formados de maneiras particulares.

Uma outra tecnicalidade a se ter em mente é que o plural de mille (mil-leh) (1.000) é mila (mi-lah), como em duemila (du-eh mi-lah) (2.000).

Ordenando Ordinais

Ao dar e receber informações sobre direções, é preciso um comando de numeri ordinali (nu-meh-ri ohr-di-nah-li) (números ordinais). Como são adjetivos, os números ordinais se modificam de acordo com os substantivos a eles relacionados. Por exemplo, usa-se a forma feminina ao se referir a via (vi-ah) ou strada (strah-dah), que são substantivos femininos. A Tabela 3-2 inclui os números ordinais na forma masculina e na feminina.

Capítulo 3: Sopa de Números: Todos os Tipos de Contagem

Tabela 3-2		Números Ordinais
Italiano	*Pronúncia*	*Tradução*
il primo/la prima	il pri-moh/lah pri-mah	o/a primeiro/a
il secondo/la seconda	il seh-kohn-doh/lah seh-kohn-dah	o/a segundo/a
il terzo/la terza	il tehr-tsoh/lah tehr-tsah	o/a terceiro/a
il quarto/la quarta	il ku-ahr-toh/lah ku-ahr-tah	o/a quarto/a
il quinto/la quinta	il ku-in-toh/lah ku-in-tah	o/a quinto/a
il sesto/la sesta	il sehs-toh/lah sehs-tah	o/a sexto/a
il settimo/la settima	il seht-ti-moh/lah seht-ti-mah	o/a sétimo/a
l'ottavo/l'ottava	loh-tah-voh/loh-tah-vah	o/a oitavo/a
il nono/la nona	il noh-noh/lah noh-nah	o/a nono/a
il decimo/la decima	il deh-tchi-moh/lah deh-tchi-mah	o/a décimo/a

Estes exemplos mostram como usar os números ordinais em sentenças:

- **È la terza strada a sinistra.** (eh lah tehr-tsah strah-dah ah si-nis-trah) (É a terceira estrada, à esquerda).
- **È dopo il terzo semaforo a destra.** (eh doh-poh il tehr-tsoh seh-mah-foh-roh ah dehs-trah) (É depois do terceiro semáforo, à direita).

Falando sobre o Tempo

Para organizar sua agenda é necessário saber falar sobre meses, dias e horas, assim como as estações. Falar sobre o passado ou o futuro pode significar que você precise conhecer as palavras para as estações e as décadas. Esta seção dá o vocabulário necessário.

As quatro estações

O fato de tanto os concertos famosos de Antonio Vivaldi e de um tipo delicioso de pizza se chamarem Quattro stagioni não é acidente. Ambos se subdividem em quatro partes, cada uma referente a uma estação. A Tabela 3-3 dá a palavra italiana para cada uma das quatro estações.

Tabela 3-3		As Quatro Estações
Italiano	*Pronúncia*	*Tradução*
primavera	pri-mah-veh-rah	primavera
estate	ehs-tah-teh	verão
autunno	ah-u-tun-noh	outono
inverno	in-vehr-noh	inverno

Décadas

Em italiano, como em português, usa-se uma frase para falar sobre uma década. Para falar sobre os anos sessenta, diz-se negli anni sessanta (neh-lhi ahn-ni sehs-sahn-tah), que significa, literalmente "nos anos sessenta". Todas as outras décadas são formadas pelo mesmo método, assim:

- **negli anni settanta** (neh-lhi ahn-ni seht-tahn-tah) (nos anos 70)
- **negli anni ottanta** (neh-lhi ahn-ni oht-tahn-tah) (nos anos 80)
- **negli anni novanta** (neh-lhi ahn-ni noh-vahn-tah) (nos anos 90)

Meses do ano

Esteja contando a alguém quando é seu aniversário ou planejando férias, é necessário conhecer os nomes dos meses do ano. Note que, em italiano, ao escrever os meses, não se usa letra maiúscula, como mostra a Tabela 3-4. Ao escrever datas, especialmente em documentos oficiais, porém, é adequado colocar letra maiúscula.

Capítulo 3: Sopa de Números: Todos os Tipos de Contagem

Tabela 3-4 — Meses

Italiano	Pronúncia	Tradução
gennaio	djehn-nah-i-oh	janeiro
febbraio	fehb-brah-i-oh	fevereiro
marzo	mahr-tsoh	março
aprile	ah-pri-leh	abril
maggio	mahdj-djoh	maio
giugno	dju-nhoh	junho
luglio	lu-lhoh	julho
agosto	ah-gohs-toh	agosto
settembre	seht-tehm-breh	setembro
ottobre	oht-toh-breh	outubro
novembre	noh-vehm-breh	novembro
dicembre	di-tchehm-breh	dezembro

Dias da semana

É quase impossível fazer planos com alguém sem falar dos dias da semana. A Tabela 3-5 dá os dias da semana e suas abreviações. Assim como no caso dos meses, não se usam maiúsculas nos dias da semana.

Tabela 3-5 — Dias da Semana

Italiano	Abreviação	Pronúncia	Tradução
domenica	dom.	doh-meh-ni-kah	domingo
lunedì	lu.	lu-neh-di	segunda-feira
martedì	mar.	mahr-teh-di	terça-feira
mercoledì	mer.	mehr-koh-leh-di	quarta-feira

(continua)

giovedì	gio.	djoh-veh-di	quinta-feira
venerdì	ven.	veh-nehr-di	sexta-feira
sabato	sab.	sah-bah-toh	sábado

Horas

É preciso saber como se comunicar sobre tempo para marcar um compromisso ou descrever um evento. Aqui estão importantes palavras e frases relacionadas a tempo:

- **oggi** (ohdj-dji) (hoje)
- **ieri** (i-eh-ri) (ontem)
- **l'altro ieri** (lahl-troh i-eh-ri) (anteontem)

Essa expressão significa literalmente "o outro ontem". A palavra para "depois de amanhã" é bastante parecida.

- **domani** (doh-mah-ni) (amanhã)
- **domani sera** (doh-mah-ni seh-rah) (amanhã à noite)
- **dopodomani** (doh-poh-doh-mah-ni) (depois de amanhã)
- **alle sette** (ahl-leh seht-teh) (às sete)
- **alle sette e mezza** (ahl-leh seht-teh eh mehdz-dzah) (às sete e meia)
- **le otto e un quarto** (leh oht-toh eh un ku-ahr-toh) (às oito e quinze, literalmente, oito e um quarto)
- **un quarto alle nove** (un ku-ahr-toh ahl-leh noh-veh) (quinze para as nove)

Ao escrever as horas em italiano, vai-se da 1h às 24h (ou 00h). Mas ao falar, usam-se apenas da 1 a 12. Se houver dúvidas sobre o período do dia (tarde ou noite), pode-se acrescentar um dos seguintes termos:

- **di mattina** (di maht-ti-nah) (da manhã)
- **di pomeriggio** (di poh-meh-ridj-djoh) (da tarde)
- **di sera** (di seh-rah) (da noite)

Capítulo 3: Sopa de Números: Todos os Tipos de Contagem 49

Estar atrasado ou adiantado

A menos que você seja perfeito, não se chega sempre no horário e pode ser preciso avisar que você estará adiantado ou desculpar-se por estar atrasado. A próxima lista contém frases importantes que podem ser usadas:

- **essere in anticipo** (ehs-seh-reh in ahn-ti-tchi-poh) (estar adiantado)
- **essere puntuale** (ehs-seh-reh pun-tu-ah-leh) (ser pontual)
- **essere in ritardo** (ehs-seh-reh in ri-tahr-doh) (estar atrasado)
- **arrivare/venire troppo presto** (ahr-ri-vah-reh veh-ni-reh trohp-poh prehs-toh) (chegar/vir cedo demais)

Os próximos exemplos usam estas frases em sentenças:

- **Mi scusi, sono arrivata in ritardo** (mi sku-zi soh-noh ahr-ri-vah-tah in ri-tahr-doh) (Desculpe, cheguei atrasada)
- **Sono venuti troppo presto** (soh-noh veh-nu-ti trohp-poh prehs-toh) (Chegaram cedo demais)
- **Meno male che sei puntuale** (meh-noh mah-leh keh sei pun-tu-ah-leh) (Ainda bem que você é pontual)

Ao falar sobre o atraso de alguém, não se pode evitar o verbo aspettare (ahs-peht-tah-reh) (esperar). A seguir, alguns exemplos usando este verbo:

- **Aspetto da un'ora.** (ahs-peht-toh dah u-noh-rah) (Espero há uma hora)
- **Aspetta anche lei il ventitré?** (ahs-peht-tah ahn-keh lei il vehn-ti-treh) (O senhor também está esperando o ônibus vinte e três?)
- **Aspettate un momento!** (ahs-peht-tah-teh un moh-mehn-toh) (Esperem um momento!)
- **Aspettiamo Anna?** (ahs-peht-ti-ah-moh ahn-nah) (Esperamos pela Anna?)
- **Chi aspetti?** (ki ahs-peht-ti) (Por quem você está esperando?)

50   Guia de Conversação Italiano Para Leigos

Note que o verbo aspettare nunca tem preposição, ao contrário do que acontece em português com "esperar por".

Pegando endereços e números de telefone

Saber os números é importante ao pedir ou dar informações de contato, como endereço ou número de telefone. A Tabela 3-6 lista alguns termos-chave.

Tabela 3-6	Palavras Relacionadas a Endereços e Números de Telefone	
Italiano	*Pronúncia*	*Tradução*
indirizzo	in-di-rit-tsoh	endereço
codice postale	koh-di-cheh pohs-tah-leh	CEP
numero di telefono	nu-meh-roh di teh-leh-foh-noh	número de telefone
prefisso	preh-fis-soh	código de área
fax	fahks	fax
posta elettronica	pohs-tah eh-leht-troh-ni-kah	e-mail

Os italianos deram um nome gracioso ao símbolo @ usado em endereços de e-mail: chiocciola (ki-ohtch-tchoh-lah) (caramujo) ou mesmo chiocciolina (ki-oh-tchoh-li-nah) (caramujinho) – ou você pode se referir a ela usando a palavra inglesa "at". A palavra italiana para "ponto" (como em "ponto com") é punto (pun-toh).

Falando sobre ruas

Assim como em português, as ruas italianas têm nomes diversos e cada nome de rua incorpora uma palavra indicando "rua", "avenida", "boulevard" e daí em diante. Você verá ruas chamadas via, viale, corso ou strada.

Qual a diferença entre via, viale, corso e strada? Em geral, se você quiser dizer "é uma estrada grande", diz-se è una strada grande (eh u-nah strah-dah grahn-de), embora algumas pessoas digam via neste caso. Um conceito semelhante se aplica às palavras para "avenida": use il viale (il vi-ah-leh) quando se referir a uma avenida larga, de três faixas; ou boulevard, e il corso (il kohr-soh) quando incluir o nome da avenida ou falar sobre uma rua em área comercial.

Descrição de sua casa

As pessoas costumam se referir a seu appartamento (ahp-pahr-tah-mehn-toh) (apartamento) como sua casa (kah-zah) (casa). Para dar alguns termos relacionados a apartamentos e casas, leia esse trecho de um texto escrito por uma garotinha da escola fundamental.

Casa mia è la più bella del mondo.
kaz-zah mi-ah eh lah pi-u behl-lah dehl mohn-doh
Minha casa é a mais linda do mundo.

È grande, con tante finestre e due terrazze.
eh grahn-deh kohn tahn-teh fi-nehs-treh eh du-eh tehr-raht-tseh
É grande, com muitas janelas e duas varandas.

Il palazzo non è tanto grande, ha quattro piani.
il pah-laht-tsoh nohn eh tahn-toh grahn-deh ah ku-aht-troh pi-ah-ni
O edifício não é muito grande, tem quatro andares.

Io abito al secondo.
i-oh ah-bi-toh ahl seh-kohn-doh
Eu moro no segundo.

C'è un bel giardino.
tcheh un behl djahr-di-noh
Ela tem um belo jardim.

Uso dos verbos "vivere" e "abitare"

Em italiano, duas palavras significam "viver". Embora ambas possam ser usadas, devem-se conhecer algumas diferenças sutis:

- **vivere** (vi-veh-reh) (viver) costuma ser usado no sentido de estar vivo e para dizer que se mora em um lugar há bastante tempo. Não se usa esse verbo para falar sobre onde se passaram as férias. Apenas para dizer onde fica sua casa.

- **abitare** (ah-bi-tah-reh) (viver, morar) é usado para indicar em que rua você mora.

A Tabela 3-7 mostra as conjugações.

Tabela 3-7	Conjugação dos Verbos Vivere e Abitare	
Italiano	*Pronúncia*	*Tradução*
vivere	vi-veh-reh	viver
io vivo	i-oh vi-voh	eu vivo
tu vivi	tu vi-vi	você vive (informal)
Lei vive	lei vi-veh	você vive (formal)
lui/lei vive	lu-i/lei vi-veh	ele/ela vive
noi viviamo	noh-i vi-vi-ah-moh	nós vivemos
Voi/voi vivete	voh-i vi-veh-teh	vocês vivem (formal, informal)
loro vivono	loh-roh vi-voh-noh	eles vivem
abitare	ah-bi-tah-reh	viver; morar
io abito	i-oh ah-bi-toh	eu moro
tu abiti	tu ah-bi-ti	você mora (informal)
Lei abita	lei ah-bi-tah	você mora (formal)
lui/lei abita	lu-i/lei ah-bi-tah	ele/ela mora

(continua)

Capítulo 3: Sopa de Números: Todos os Tipos de Contagem 53

noi abitiamo	noh-i ah-bi-ti-ah-moh	nós moramos
Voi/voi abitate	voh-i ah-bi-tah-teh	vocês moram (formal, informal)
loro abitano	loh-roh ah-bi-tah-noh	eles moram

Se estiver visitando uma cidade e quiser dizer a alguém onde vai ficar, use abitare. Você também pode dizer:

- **Sono all'albergo "Quattro Stagioni".** (soh-noh ahl-lahl-behr-goh ku-aht-troh stah-djoh-ni) (Estou no hotel Quattro Stagioni).
- **Stiamo all'albergo Il giardino.** (sti-ah-moh ahl-lahl-behr-goh il djahr-di-noh) (Estamos no hotel Il Giardino).

Dinheiro, Dinheiro, Dinheiro

Por um lado, nunca se tem o suficiente; por outro lado, o dinheiro pode causar problemas – particularmente quando se lida com moedas estrangeiras. Essa seção cobre todas as palavras necessárias para lidar com questões financeiras básicas.

Ir ao banco

Você pode precisar ir a um banco por diversos motivos:

- **cambiare dollari** (kahm-bi-ah-reh dohl-lah-ri) (trocar dólares)
- **aprire un conto** (ah-pri-reh un kohn-toh) (abrir uma conta)
- **prelevare soldi** (preh-leh-vah-reh sohl-di) (sacar dinheiro)
- **versare soldi sul proprio conto** (vehr-sah-reh sohl-di sul proh-pri-oh kohn-toh) (depositar dinheiro em sua própria conta)
- **contrarre un prestito** (kohn-trahr-reh un prehs-ti-toh) (contrair um empréstimo)
- **riscuotere un assegno** (ris-ku-oh-teh-reh un ahs-seh-nhoh) (descontar um cheque)

Aqui estão algumas frases que podem ser úteis ao falar com un impiegato/un'impiegata della banca (un im-pi-eh-gah-toh/un-im-pi-eh-gah-tah dehl-lah bahn-kah) (um bancário/uma bancária):

- **Vorrei aprire un conto corrente.** (vohr-rei ah-pri-reh un kohn-toh kohr-rehn-teh) (Gostaria de abrir uma conta).
- **Vorrei riscuotere un assegno.** (vohr-rei ris-ku-oh-teh-reh un ahs-seh-nhoh) (Gostaria de descontar um cheque).
- **Mi dispiace, il Suo conto è scoperto.** (mi dis-pi-ah-tcheh il su-oh kohn-toh eh skoh-pehr-toh) (Lamento, sua conta está negativa).
- **Può girare l'assegno, per favore?** (pu-oh dji-rah-reh lahs-seh-nhoh pehr fah-voh-reh) (Pode endossar o cheque, por favor?)
- **Avrei bisogno di un prestito.** (ah-vrei bi-zohn-nhoh di un prehs-ti-toh) (Preciso de um empréstimo).
- **Com'è il tasso d'interesse?** (koh-meh il tahs-soh din-teh-rehs-seh) (Qual a taxa de juros?)

Quando estiver com a sorte de ter dinheiro sobrando, talvez você queira investi-lo. A Tabela 3-8 dá a conjugação de investire (in-vehs-ti-reh) (investir).

Tabela 3-8 — Conjugação do Verbo Investire

Italiano	Pronúncia	Tradução
io investo	i-oh in-vehs-toh	eu invisto
tu investi	tu in-vehs-ti	você investe (informal)
Lei investe	lei in-vehs-teh	você investe (formal)
lui/lei investe	lu-i/lei in-vehs-teh	ele/ela investe
noi investiamo	noh-i in-vehs-ti-ah-moh	nós investimos
Voi/voi investite	voh-i in-vehs-ti-teh	vocês investem (formal, informal)
loro investono	loh-roh in-vehs-toh-noh	(eles investem)

Capítulo 3: Sopa de Números: Todos os Tipos de Contagem 55

Palavras para Saber

conto [m] corrente	kohn-toh kohr-rehn-teh	conta corrente
libretto [m] degli assegn	li-breht-toh deh-lhi ahs-seh-nhi	talão de cheques
tasso d'interesse [m]	tahs-soh din-teh-rehs-seh	taxa de juros
carta di credito [f]	kahr-tah di kreh-di-toh	cartão de crédito
ricevuta [f]	ri-tcheh-vu-tah	recibo
girare	dji-rah-reh	endossa
riscuotere	ris-ku-oh-teh-re	desconta

Trocando Dinheiro

Esteja viajando a trabalho ou por prazer, sempre precisará de dinheiro quando estiver no exterior. Se estiver na Itália e quiser trocar alguns dólares por euro (eu-roh) (euros), você irá ou in banca (in bahn-kah) (ao banco) ou a um ufficio di cambio (uf-fi-tchoh di kahm-bi-oh) (casa de câmbio). Geralmente é preciso pagar una commissione (u-nah koh-mis-si-oh-neh) (uma taxa).

Hoje em dia, o câmbio não é a forma mais eficiente para ter moeda local. Na Itália, como na maioria dos países ocidentais, encontra-se um bancomat (bahn-koh-maht) (caixa eletrônico) em quase todos os lugares. Também, dependendo de onde fizermos compras ou comermos, será possível pagar com carta di credito (kahr-tah di kreh-di-toh) (cartão de crédito) ou com travelers' cheques (treh-vehl-lehrs chehks) (travelers' checks).

Seu cartão de crédito também pode ser usado juntamente com seu passaporte para trocar dinheiro em aeroportos, estações de trem e hotéis, mas tenha em mente que as taxas de comissão, nestes locais, às vezes, são mais altas que em bancos ou casas de câmbio.

Palavras para Saber

contanti [m]	kohn-tahn-ti	dinheiro
il bancomat [m]	il bahn-koh-maht	o caixa eletrônico
prelevare	preh-leh-vah-reh	sacar
funzionare	fun-tsi-oh-nah-reh	funcionar
contanti [m]	kohn-tahn-ti	dinheiro
monete [f]	moh-neh-teh	moedas
dollari [m]	dohl-lah-ri	dólares

Capítulo 4

Fazendo Novos Amigos e Batendo Papo

Neste Capítulo
▶ Conhecer e cumprimentar
▶ Descrição de lugares
▶ Falar sobre si mesmo e sua família
▶ Conversando sobre o clima

Ao fazer contato com alguém que fala outra língua, é especialmente útil saber como essas pessoas se cumprimentam. Este capítulo explica como dizer o básico das saudações, bem como maneiras para complementar uma saudação com uma pequena conversa.

Saudações e Despedidas Comuns

Para começar bem com os cumprimentos em italiano, queremos que você se familiarize com as saudações e despedidas mais comuns, seguidas de exemplos:

- **Ciao** (tchah-oh) (Oi e tchau: informal)

    Ciao, Claudio (tchah-oh klah-u-di-oh) (Oi, Cláudio!)

- **Salve** (sahl-veh) (Oi e tchau: neutro/formal)

    Salve ragazzi! (sahl-veh rah-gaht-tsi) (Oi, pessoal!)

    Salve é um vestígio do latim. Na época de César, os romanos usavam bastante.

- **Buongiorno/Buon giorno** (bu-ohn-djohr-noh) (Bom dia! [formal])

  Buongiorno, signora Bruni! (bu-ohn djohr-noh si-nhoh-rah bru-ni) (Bom dia. Sra. Bruni!)

  Buongiorno é o cumprimento mais formal. Sempre que estiver em dúvida, use essa palavra. Buongiorno também pode significar uma despedida.

- **Buonasera/Buona sera** (bu-oh-nah-seh-rah) (Boa tarde! Boa noite! formal)

  Buonasera, signor Rossi! (bu-oh-na seh-ra si-nhohr rohs-si) (Boa tarde, Sr. Rossi!)

  Usa-se **buonasera** tanto para cumprimentar quanto para se despedir aproximadamente após às cinco da tarde, no outono e no inverno, e após às seis, na primavera e no verão. Preocupe-se apenas com o horário! Quando estiver em dúvida, diga buongiorno se o sol ainda estiver aparecendo.

- **Buonanotte** (bu-oh-nah-noh-teh) (Boa noite!)

  Buonanotte, amici! (bu-oh-nah-noh-teh ah-mi-tchi) (Boa noite, amigos!)

  Buona giornata! (bu-oh-nah djohr-nah-tah) (Tenha um bom dia!)

  Usa-se essa frase ao deixar alguém ou ao se despedir ao telefone.

- **Buona serata!** (bu-oh-nah seh-rah-tah) (Tenha uma boa noite!)

  Assim como **buona giornata**, **buona serata** é usado quando se está partindo ou ao se despedir ao telefone. A diferença é que buona serata é usado pouco antes ou depois do pôr-do-sol.

- **Addìo!** (ah-di-oh) (Adeus!)

  Addìo, amore mio! (ah-di-oh ah-moh-reh mi-oh) (Adeus, meu amor!)

  Addìo é mais literário; ou seja, você vê com maior frequência em textos escritos do que em linguagem falada.

Capítulo 4: Fazendo Novos Amigos e Batendo Papo   *59*

- **Arrivederci** (ah-ri-veh-dehr-tchi) (Até mais!)

    Arrivederci, signora Eva! (ah-ri-veh-dehr-tchi si-nhoh-rah eh-vah) (Até mais, sra. Eva!)

Decidindo dirigir-se a alguém formal ou informalmente

Como explica o Capítulo 2, há duas maneiras diferentes para se dirigir às pessoas em italiano: formal e informal.

- O modo formal – **Lei** (lei) (você) – costuma ser usado com pessoas que não conhecemos: comerciantes, oficiais e pessoas de maior hierarquia, como supervisores e professores. As exceções são as crianças e entre os jovens; nestes casos, usa-se o modo informal.

- Quando se conhece alguém melhor, dependendo de seu relacionamento, pode-se trocar para o modo informal de tratamento – **tu** (tu) (você). Também se usa o informal com membros da família e com as crianças. Os jovens também se tratam de maneira informal entre si.

Respondendo a um cumprimento

Ao responder a um cumprimento em português, geralmente se pergunta "Tudo bem?" como forma de dizer "oi" – não se espera uma resposta. Em italiano, porém, não é esse o caso; deve-se dar uma resposta. As seguintes frases são maneiras comuns de responder a cumprimentos.

Cumprimento formal e resposta:

Buongiorno signora, come sta?
bu-ohn-djohr-noh si-nhoh-ra koh-meh stah
Bom dia, senhora, como vai?

Benissimo, grazie, e Lei?
beh-nis-si-moh grah-tsi-eh eh lei
Muito bem, obrigada, e a senhora?

60 Guia de Conversação Italiano Para Leigos

Cumprimento informal e resposta:

Ciao, Roberto, come stai?
tchah-oh roh-behr-toh koh-meh stah-i
Oi, Roberto, como vai?

Bene, grazie.
beh-neh grah-tsi-eh
Bem, obrigado.

Outra saudação típica, embora informal, e resposta:

Come va?
koh-meh vah
Como estão as coisas?

Non c'è male.
nohn tcheh mah-leh
Nada mal.

Especificando seu reencontro

Você pode querer definir seu próximo encontro ao se despedir de alguém. As próximas expressões comuns também podem ser usadas como despedidas por si próprias:

- **A presto!** (ah prehs-toh) (Até logo!)
- **A dopo!** (ah doh-poh) (Até mais tarde!)
- **A domani!** (ah doh-mah-ni) (Até amanhã!)
- **Ci vediamo!** (tchi veh-di-ah-moh) (Nos vemos!)

Embora a maneira curta costume ser suficiente, pode-se combinar Ci vediamo com outras frases. Por exemplo:

- **Ci vediamo presto!** (tchi veh-di-ah-moh prehs-toh) (Nos vemos em breve!)
- **Ci vediamo dopo!** (tchi veh-di-ah-moh doh-poh) (Nos vemos depois!)
- **Ci vediamo domani!** (tchi veh-di-ah-moh doh-mah-ni) (Nos vemos amanhã!)

A essa frase básica é possível acrescentar um dia da semana ou um horário – por exemplo, Ci vediamo lunedì alle cinque. (tchi veh-di-ah-moh lu-neh-di ahl-leh tchin-ku-eh) (Até segunda-feira, às cinco horas). Veja, no Capítulo 3, as palavras para horas e dias da semana.

Palavras para Saber

buongiorno	bu-ohn-djohr-noh	bom dia; até logo
ciao	tchah-oh	olá e tchau
Come sta?	koh-meh stah	como vai?
bene	beh-neh	bem
arrivederci	ahr-ri-veh-dehr-tchi	até logo
Ci vediamo!	tchi veh-di-ah-moh	nos vemos
grazie	grah-tsi-eh	obrigado

Descobrindo se Alguém Fala Português

Ao conhecer alguém de outro país, sua primeira pergunta provavelmente será "você fala português?". Para perguntar se alguém fala português, é preciso estar familiarizado com o verbo parlare (pahr-lah-reh) (falar). A Tabela 4-1 mostra a conjugação deste verbo.

Tabela 4-1	Conjugação do Verbo Parlare	
Italiano	*Pronúncia*	*Tradução*
io parlo	i-oh pahr-loh	eu falo
tu parli	tu pahr-li	você fala (informal)
Lei parla	lei pahr-lah	você fala (formal)
lui/lei parla	lu-i/lei pahr-lah	ele/ela fala

(continua)

noi parliamo	noh-i pahr-li-ah-moh	nós falamos
Voi/voi parlate	voh-i pahr-lah-teh	vocês falam (formal, informal)
loro parlano	loh-roh pahr-lah-noh	eles falam

A seguir, exemplos de parlare em ação:

> ✔ **Parlo molto e volentieri!** (pahr-loh mohl-toh eh voh-lehn-ti-eh-ri) (falo muito e com prazer!)
>
> ✔ **Parli con me?** (pahr-li cohn meh) (está falando comigo?)
>
> ✔ **Parli inglese?** (pahr-li in-gleh-zeh) (você fala inglês?)
>
> ✔ **Oggi parliamo di musica americana.** (ohdj-dji pahr-li-ah-moh di mu-zi-cah ah-meh-ri-kah-nah) (hoje falamos sobre música americana)
>
> ✔ **Parlano sempre di viaggi!** (pahr-lah-noh sehm-preh di vi-ahdj-dji) (eles sempre falam de viagens!)

Os italianos têm um belo ditado: Parla come mangi! (pahr-lah koh-meh mahn-dji) (Fale como come!). Você pode dizer isso a alguém que fale de forma muito sofisticada, com um toque de arrogância. Essa frase lembra às pessoas que elas devem falar normalmente – do jeito que comem.

Pedindo Perdão?

Ao se familiarizar com uma nova língua, nem sempre se entende tudo o que falantes fluentes nos dizem e, frequentemente, nos vemos pedindo que repitam. Nesses casos, as seguintes sentenças são úteis:

> ✔ **Non ho capito.** (nohn oh kah-pi-toh) (não entendi)
>
> ✔ **Mi dispiace.** (mi dis-pi-ah-tcheh) (desculpe-me)
>
> ✔ **Che cosa?** (keh koh-zah) (o quê?)
>
> ✔ **Come, scusa?** (informal) (koh-meh sku-zah) ou Come, scusi? (formal) (koh-meh sku-zi) (perdão?)

Capítulo 4: Fazendo Novos Amigos e Batendo Papo 63

Se quiser ser muito educado, estas três expressões podem ser combinadas: Scusi! Mi dispiace ma non ho capito. (sku-zi mi dis-pi-ah-tcheh mah nohn oh kah-pi-toh) (Desculpe! Lamento, mas não entendi).

Scusa (sku-zah) e scusi (sku-zi) significam também "me desculpe" e são usados quando é preciso pedir perdão – por exemplo, quando se esbarra em alguém.

Apresentações

Apresentar-se ou apresentar conhecidos para outras pessoas é um passo importante para fazer com que as pessoas se sintam à vontade. Em italiano, o que se diz e como se diz – a forma de tratamento usada e se você usa o primeiro nome ou o último sobrenome – dependem de quão bem você conhece a pessoa com quem está falando.

Apresentando-se

Chiamarsi (ki-ah-mahr-si) (chamar-se) é um verbo reflexivo importante usado para se apresentar e perguntar aos outros seus nomes. Para ter uma noção do verbo chiamarsi, pratique estes exemplos fáceis:

- **Ciao, mi chiamo Eva.** (tchah-oh mi ki-ah-moh eh-vah) (Olá, me chamo Eva)
- **E tu come ti chiami?** (eh tu koh-meh ti ki-ah-mi) (E você como te chamas?)
- **Lei si chiama?** (leh si ki-ah-mah) (Você se chama?)

Usa-se a mesma forma verbal com lui (lu-i) (ele) e lei (lei) (ela) – por exemplo, lui si chiama (lu-i si ki-ah-mah) (ele se chama).

Como em português, também é possível apresentar-se simplesmente dizendo seu nome: Sono Pietro (soh-noh pi-eh-troh) (sou Pietro).

Os jovens renunciam à cerimônia e se apresentam de forma mais casual, embora ainda de forma cortês – algo assim:

Ciao! Sono Giulio.
tchah-oh soh-noh dju-li-oh
Oi! Sou Giulio.

E io sono Giulia, piacere.
eh i-oh soh-noh dju-li-ah pi-ah-tcheh-reh
E eu sou Giulia, prazer em conhecer.

O próximo exemplo oferece uma apresentação bastante informal, usada apenas em uma situação bem casual, como na praia ou na discoteca:

Come ti chiami?
koh-meh ti ki-ah-mi
Como você se chama?

Chiara. E tu?
ki-ah-rah eh tu
Chiara. E você?

Geralmente a pessoa mais velha propõe a mudança para o modo informal. A geração mais antiga tende a ser mais formal que os jovens e pode não trocar para o informal com a mesma rapidez que os jovens fazem. Se estiver em dúvida, é melhor dirigir-se às pessoas de modo formal.

Apresentando outras pessoas

Às vezes, é necessário não apenas apresentar-se, mas também apresentar alguém a outras pessoas. O vocabulário a seguir pode ser útil para apresentações – veja a seção "Falando sobre si e sobre a família" posteriormente, neste capítulo, para aprender mais. Com estes termos, é possível indicar o relacionamento entre você e a pessoa que está apresentando:

- **mio marito** (mi-oh mah-ri-toh) (meu marido)
- **mia moglie** (mi-ah mo-lhi-eh) (minha esposa)
- **il mio amico** (il mi-oh ah-mi-koh) (meu amigo)
- **la mia amica** (lah mi-ah ah-mi-kah) (minha amiga)
- **il mio collega** (il mi-oh kohl-leh-gah) (meu colega)
- **la mia collega** (lah mi-ah kohl-leh-gah) (minha colega)

Capítulo 4: Fazendo Novos Amigos e Batendo Papo

Para facilitar sua vida, a Tabela 4-2 dá a conjugação do verbo presentare (preh-zehn-tah-reh) (apresentar). O pronome inserido na frente do verbo depende do número e do relacionamento com a pessoa a quem você está apresentando: ti (ti) (a você: informal), Le (leh) (a você: formal), Vi/vi (vi) (a vocês, formal/informal).

Os pronomes que verá antes dos verbos na Tabela 4-2 só estão lá para ajudá-lo a se lembrar das formas verbais. Esses pronomes não são realmente usados em conversação.

Tabela 4-2   Conjugação do Verbo Presentare

Italiano	Pronúncia	Tradução
io presento	i-oh preh-zehn-toh	eu apresento
tu presenti	tu preh-zehn-ti	você apresenta (informal)
Lei presenta	lei preh-zehn-tah	você apresenta (formal)
lui/lei presenta	lu-i/lei preh-zehn-tah	ele/ela apresenta
noi presentiamo	noh-i preh-zehn-ti-ah-moh	nós apresentamos
Voi/voi presentate	voh-i preh-zehn-tah-teh	vocês apresentam (formal, informal)
loro presentano	loh-roh preh-zehn-tah-noh	(eles apresentam)

Palavras para Saber

conoscere	koh-noh-cheh-reh	conhecer
presentare	preh-zehn-tah-reh	apresentar
mi chiamo	mi ki-ah-moh	me chamo
piacere	pi-ah-tcheh-reh	prazer

Tornando-se Conhecido

Se a pessoa que conheceu lhe causar uma boa sensação e quiser conhecê-la melhor, uma conversa costuma acompanhar a apresentação. Essa seção fala sobre os diversos assuntos sobre os quais se pode conversar.

Falando de onde você vem

Conhecer pessoas de outros países pode ser educativo. Duas perguntas comuns, aqui colocadas no registro formal, são úteis:

- **Da dove viene?** (dah doh-veh vi-eh-neh) (De onde você vem?)
- **Di dov'è?** (di doh-veh-eh) (De onde você é?)

As respostas são, respectivamente:

- **Vengo da...** (vehn-goh dah) (Venho de...)
- **Sono di...** (soh-noh di) (Sou de...)

Nessas frases, é possível inserir nomes de países, continentes ou cidades. A Tabela 4-3 lista algumas das nações do mundo.

Tabela 4-3		Países
País	*Pronúncia*	*Tradução*
America	ah-meh-ri-kah	América
Brasile	brah-zi-leh	Brasil
Canada	kah-nah-dah	Canadá
Cina	tchi-nah	China
Francia	frahn-tchah	França
Germania	djehr-mah-ni-ah	Alemanha
Giappone	djahp-poh-neh	Japão
Inghilterra	in-gil-tehr-rah	Inglaterra
Irlanda	ir-lahn-dah	Irlanda

(continua)

Capítulo 4: Fazendo Novos Amigos e Batendo Papo 67

Italia	i-tah-li-ah	Itália
Marocco	mah-rohk-koh	Marrocos
Portogallo	pohr-toh-gahl-loh	Portugal
Russia	rus-si-ah	Rússia
Spagna	spah-nhah	Espanha
Svezia	sveh-tsi-ah	Suécia
Svizzera	svit-tseh-rah	Suíça

Alguns países (os que terminam em –a) são femininos e outros (os que terminam em –e, –o e às vezes em –a) são masculinos. O Canadá é uma exceção: é masculino, mas termina em –a. Os Estados Unidos são masculinos e usam artigo no plural, porque são vários estados.

Se quiser falar sobre nacionalidades, é preciso alterar um pouco os nomes dos países. Como se diz em português, "Você é brasileiro?" ou "eu sou italiano", o mesmo se diz em italiano:

- **È brasiliano/a?** (eh brah-zi-li-ah-noh/-nah) (Você é brasileiro/a?)
- **No, sono italiano/a.** (noh soh-noh i-tah-li-ah-noh) (Não, sou italiano/a).

Algumas nacionalidades não têm gênero, enquanto outros têm gêneros específicos. A Tabela 4-4 lista aquelas que terminam em –e, que são tanto femininas quanto masculinas.

Tabela 4-4 — Nacionalidades sem Gênero

Nacionalidade	Pronúncia	Tradução
canadese	kah-nah-deh-zeh	canadense
cinese	tchi-neh-zeh	chinês
francese	frahn-tcheh-zeh	francês
giapponese	djahp-poh-neh-zeh	japonês

(continua)

68 Guia de Conversação Italiano Para Leigos

inglese	in-gleh-zeh	inglês
irlandese	ir-lahn-deh-zeh	irlandês
portoghese	pohr-toh-geh-zeh	português
svedese	sveh-deh-zeh	sueco

Em outros casos, as nacionalidades têm formas para o feminino, masculino, feminino plural e masculino plural, como exibe a Tabela 4-5.

Tabela 4-5	Nacionalidades com Gênero Específico	
Nacionalidade	*Pronúncia*	*Tradução*
americana/o/e/i	ah-meh-ri-kah-nah/noh/neh/ni	americana/o/as/os
brasiliana/o/e/i	brah-zi-li-ah-nah/noh/neh/ni	brasileira/o/as/os
italiana/o/e/i	i-tah-li-ah-nah/noh/neh/ni	italiana/o/as/os
marocchina/o/e/i	mah-rohk-ki-nah/noh/neh/ni	marroquina/o/as/os
russa/o/e/i	rus-sah/soh/seh/si	russa/o/as/os
spagnola/o/e/i	spah-nhoh-lah/loh/leh/li	espanhola/o/as/os
svizzera/o/e/i	svit-tshe-rah/roh/reh/ri	suíça/o/as/os
tedesca/o/e/i	teh-dehs-kah/koh/keh/ki	alemã/o/ãs/ães

Nem sempre se coloca o pronome na frente do verbo. Como a forma verbal é diferente para cada pronome, ele pode facilmente ser deixado oculto – compreende-se de quem se está falando a partir da terminação verbal e do contexto. Usa-se o pronome apenas, quando o sujeito não está suficientemente claro ou quando se quer enfatizar um fato – por exemplo, Loro sono Americani, ma io sono italiano (loh-roh soh-noh ah-meh-ri-kah-ni mah i-oh soh-noh i-tah-li-ah-noh) (Eles são americanos, mas eu sou italiano).

Capítulo 4: Fazendo Novos Amigos e Batendo Papo

A Tabela 4-6 exibe a conjugação do verbo venire (veh-ni-reh) (vir), que é útil conhecer, quando se quer dizer às pessoas sua procedência ou perguntar a elas onde vivem. A combinação correta de verbo/preposição, neste caso, é venire da (veh-ni-reh dah) (vir de), como em Vengo dalla Francia (vehn-goh dahl-lah frahn-tchah) (Venho da França).

A preposição da (dah) tem formas diferentes, com base no gênero e no número do substantivo que a acompanha. Pode-se dizer qual forma de da usar a partir do artigo (la, il ou gli) que o substantivo recebe. Aqui está como funciona.

da +	la	=	dalla
da +	il	=	dal
da +	gli	=	dagli

Imaginando como saber qual artigo usar? Prossiga, caro leitor:

- Use la para substantivos femininos no singular.
- Use il para substantivos masculinos no singular.
- Use gli para substantivos masculinos no plural.

Tabela 4-6	Conjugação do Verbo Venire	
Italiano	*Pronúncia*	*Tradução*
io vengo	i-oh vehn-goh	eu venho
tu vieni	tu vi-eh-ni	você vem (informal)
Lei viene	lei vi-eh-neh	você vem (formal)
lui/lei viene	lu-i/lei vi-eh-ne	ele/ela vem
noi veniamo	noh-i veh-ni-ah-mo	nós vimos
Voi/voi venite	voh-i veh-ni-teh	vocês vêm (formal, informal)
loro vengono	loh-roh vehn-goh-noh	eles vêm

70 Guia de Conversação Italiano Para Leigos

Os próximos exemplos dão alguma prática com a construção:

- **Vengo dal Giappone.** (vehn-goh dahl djahp-poh-neh) (Venho do Japão).
- **Vieni dalla Svizzera.** (vi-eh-ni dahl-lah svit-tshe-rah) (Você vem da Suíça).
- **Viene dalla Francia.** (vi-eh-neh dahl-lah frahn-tchah) (Ele/ela vem da França).
- **Veniamo dall'Italia.** (veh-ni-ah-moh dahl-lah i-tah-li-ah) (Vimos da Itália).
- **Veniamo dagli U.S.A.** (veh-ni-ah-moh dah-lhi u-ehs-ah) (Vimos dos E.U.A.).
- **Veniamo** dal Canada. (veh-ni-ah-moh dahl kah-nah-dah) (Vimos do Canadá).
- **Venite dalla Russia.** (veh-ni-teh dahl-lah rus-si-ah) (Vocês vêm da Rússia).
- **Vengono dalla Spagna.** (vehn-goh-noh dahl-lah spah-nhah) (Eles vêm da Espanha).

Você pode fazer as seguintes perguntas para iniciar uma conversa informal:

- **Sei di qui?** (sei di ku-i) (Você é daqui?)
- **Dove vivi?** (doh-veh vi-vi) (Onde você mora?)
- **Dove sei nato?** (doh-veh sei nah-toh) (Onde você nasceu?)
- **È la prima volta che vieni qui?** (eh lah pri-mah vohl-tah keh vi-eh-neh ku-i) (É a primeira vez que você vem aqui?)
- **Sei qui in vacanze?** (sei ku-i in vah-kahn-tsah) (Você está aqui em férias?)
- **Quanto rimani?** (ku-ahn-toh ri-mah-ni) (Quanto tempo vai ficar?)

Capítulo 4: Fazendo Novos Amigos e Batendo Papo 71

Ser você, estar lá: uso dos verbos "essere" e "stare" para descrever

Essere (ehs-seh-reh) (ser) é o verbo mais importante da língua italiana. Esse verbo é frequentemente usado; ele é necessário para conhecer, cumprimentar e conversar com as pessoas. A Tabela 4-7 dá sua conjugação.

Tabela 4-7	Conjugação do Verbo Essere	
Italiano	*Pronúncia*	*Tradução*
io sono	i-oh soh-noh	eu sou
tu sei	tu sei	você é (informal)
Lei è	lei eh	você é (formal)
lui/lei è	lu-i/lei eh ele é/	ela é
noi siamo	noh-i si-ah-moh	nós somos
Voi/voi siete	voh-i si-eh-teh	vocês são (formal, informal)
loro sono	loh-roh soh-noh	eles são

Os próximos exemplos mostram como usar o verbo essere:

- **Sei americana?** (sei ah-meh-ri-kah-nah) (Você é americana?)

    No, sono australiana. (noh soh-noh aus-trah-li-ah-nah) (Não, sou australiana).

- **Com'è Paola?** (koh-meh pah-oh-lah) (Como é a Paola?)

    È un po' arrogante. (eh un poh ahr-roh-gahn-teh) (É um pouco arrogante).

- **Siete qui in vacanze?** (si-eh-teh ku-i in vah-kahn-tsah) (Vocês estão aqui em férias?)

    No, siamo qui per studiare l'italiano. (noh si-ah-moh ku-i pehr stu-di-ah-reh li-tah-li-ah-noh) (Não, estamos aqui para estudar italiano).

- **Dove sono Elena e Sara?** (doh-veh soh-noh eh-leh-nah eh sah-rah) (Onde estão a Elena e a Sara?)

- **Sono in biblioteca.** (soh-noh in bi-bli-oh-teh-kah) (Estão na biblioteca).

Outro verbo significa "estar": stare (stah-reh). Stare indica o estado atual das coisas em vez de uma condição imutável. Também se usa stare para expressar a forma como se sente. Stai bene? (stah-i beh-neh) significa "você está bem?" e Maria sta male (mah-ri-ah stah mah-leh) significa "Maria está mal".

A Tabela 4-8 mostra como conjugar o verbo stare.

Tabela 4-8	Conjugação do Verbo Stare	
Italiano	*Pronúncia*	*Tradução*
io sto	i-oh stoh	eu estou
tu stai	tu stah-i	você está (informal)
Lei sta	lei stah	você está (formal)
lui/lei sta	lu-i/lei stah	ele/ela está
noi stiamo	noh-i sti-ah-moh	nós estamos
Voi/voi state	voh-i stah-teh	vocês estão (formal, informal)
loro stanno	loh-roh stahn-noh	eles estão

Os próximos exemplos mostram como usar o verbo stare:

- **In che albergo stai?** (in keh ahl-behr-goh stah-i) (Em qual hotel você está?)
- **State un po' con me?** (stah-teh un poh kon meh) (Vocês vão ficar um pouco comigo?)
- **Non sto bene** (nohn stoh beh-neh) (Não estou bem)
- **Oggi stiamo a casa!** (odj-dji sti-ah-moh ah kah-zah) (Hoje estamos em casa!)
- **Daniela sta a dieta!** (dah-ni-eh-lah stah ah di-eh-tah) (Daniela está de dieta!)

Capítulo 4: Fazendo Novos Amigos e Batendo Papo

Falando sobre si e sobre a família

Os papos costumam se concentrar na família: uma oportunidade para falar um pouco sobre si e sobre seu lar e aprender um pouco sobre a família e o lar do outro também. A Tabela 4-9 dá as palavras para os membros da família.

Tabela 4-9		Membros da Família
Italiano	*Pronúncia*	*Tradução*
madre	mah-dreh	mãe
padre	pah-dreh	pai
sorella	soh-rehl-lah	irmã
fratello	frah-tehl-loh	irmão
figlia	fi-lhah	filha
figlio	fi-lhoh	filho
nonna	nohn-nah	vó
nonno	nohn-noh	vô
nipoti	ni-poh-ti	netos, sobrinhos
zia	dzi-ah	tia
zio	dzi-oh	tio
cugina	ku-dji-nah	prima
cugino	ku-dji-noh	primo
cognata	koh-nhah-tah	cunhada
cognato	koh-nhah-toh	cunhado
nuora	nu-oh-rah	nora
genero	djeh-neh-roh	genro

A língua italiana não tem uma palavra que indique "irmãos e irmãs". É preciso dizer sorelle e fratelli (soh-rehl-leh eh frah-tehl-li) (irmãs e irmãos). Para evitar esta expressão longa, os italianos costumam reduzi-la para fratelli.

Em uma conversa informal, provavelmente irá falar sobre os

membros de sua própria família. Para este propósito, será necessário o adjetivo mio/mia (mi-oh / mi-ah) (meu, minha), como nos próximos exemplos:

- **mio fratello** (mi-oh frah-tehl-loh) (meu irmão)
- **mia madre** (mi-ah mah-dreh) (minha mãe)

Palavras para Saber

sposata	spoh-zah-tah	casada
divorziata	di-vohr-tsi-ah-tah	divorciada
vedova [f]	veh-doh-vah	viúva
mio marito [m]	mi-oh mah-ri-toh	meu marido
mia moglie [f]	mi-ah moh-lheh	minha esposa
mio ragazzo [m]	mi-oh rah-gaht-tsoh	meu namorado
mia ragazza [f]	mi-ah rah-gaht-tsah	minha namorada

Conversando sobre o clima

Quando se fica sem assunto, sempre é possível falar sobre il tempo (il tehm-poh) (o clima). Por se tratar de um assunto comum, é preciso estar armado com o vocabulário necessário. A Tabela 4-10 dá alguns termos comuns relacionados a clima.

Tabela 4-10	Palavras sobre Tempo	
Italiano	*Pronúncia*	*Tradução*
il clima [m]	il kli-mah	o clima
mite	mi-teh	moderado
la temperatura [f]	lah tehm-peh-rah-tu-rah	a temperatura
freddo	frehd-doh	frio

(continua)

Capítulo 4: Fazendo Novos Amigos e Batendo Papo 75

caldo	kahl-doh	quente
temperato	tehm-peh-rah-toh	temperado
umido	u-mi-doh	úmido
coperto	koh-pehr-toh	nublado
la nebbia [f]	lah nehb-bi-ah	neblina
tempo incerto [m]	tehm-poh in-tchehr-toh	tempo instável
piove	pi-oh-veh	chove

Ao falar sobre o clima, as seguintes expressões idiomáticas farão com que você soe como um nativo:

- **Fa un caldo terribile!** (fah un kahl-doh tehr-ri-bi-leh) (Está um calor terrível!)
- **Oggi il sole spacca le pietre!** (ohdj-dji il soh-leh spahk-kah leh pi-eh-treh) (O sol hoje está rachando pedras!)
- **Fa un freddo cane!** (fah un frehd-doh kah-neh) (Faz um frio do cão)
- **Fa un freddo/un caldo da morire!** (fah un frehd-doh/un kahl-doh dah moh-ri-reh) (Está um frio/um calor de matar)

Da morire (dah moh-ri-reh) (de matar, de morrer) é uma expressão típica usada para dar ênfase. Pode ser usada em todos os tipos de situações: por exemplo, Sono stanco da morire (soh-noh stahn-koh dah moh-ri-reh) (estou morto de cansaço) ou Ho sete da morire (oh seh-teh dah moh-ri-reh) (estou morrendo de sede).

Piove sul bagnato (pi-oh-veh sul bah-nhah-toh) (literalmente: chove no molhado) é uma expressão idiomática que os italianos usam, quando algo positivo acontece com alguém que não precisa daquilo. Por exemplo, se um milionário é premiado pela loteria, pode-se dizer piove sul bagnato para indicar que você é quem deveria ter sido premiado.

Levando presentes

Na Itália, é muito comum levar **il dolce** (*il dohl-tcheh*) (doce) como um presentinho, quando se é convidado para jantar. Este doce pode ser **una torta** (*u-nah tohr-tah*) (um bolo), **gelato** (*djeh-lah-toh*) (sorvete) ou algo de **una pasticceria** (*u-nah pahs-ti-tcheh-ri-ah*) (uma confeitaria). Igualmente bem vindas são **fiori** (*fi-oh-ri*) (flores) ou una **bottiglia di vino** (*u-nah boh-ti-lhah di vi-noh*) (uma garrafa de vinho).

Capítulo 5

Curtindo uma Bebida e um Lanche (ou Refeição)

Neste Capítulo
- Falar sobre comidas e bebidas
- Reserva de mesa e pagamento da refeição
- Fazendo três refeições diárias (pelo menos)

Você certamente conhece muitos pratos italianos, como espaguete, pizza, risotto e outros. Neste capítulo, encontrará muito vocabulário sobre comidas e aprenderá, também, como dizer que está com fome ou com sede (porque ficar chorando feito um bebê não é legal). Mostramos, ainda, como fazer o pedido em um restaurante e como as refeições são feitas na Itália.

Comendo e Bebendo à la Italiana

Quando se tem fome, é difícil pensar em qualquer outra coisa. Há algumas formas de comunicar aquela sensação exigente, esfomeada, em seu estômago:

- **Ho fame.** (oh fah-meh) (Estou com fome)
- **Andiamo a mangiare qualcosa.** (ahn-di-ah-moh ah mahn-djah-reh ku-ahl-koh-zah) (Vamos comer algo).

Guia de Conversação Italiano Para Leigos

Os italianos fazem três refeições principais, como provavelmente você também faz:

- **la colazione / la prima colazione** (lah koh-lah-tsi-oh-neh/lah pri-mah koh-lah-tsi-oh-neh) (café-da-manhã)
- **il pranzo** (il prahn-tsoh) (almoço)
- **la cena** (lah tcheh-nah) (jantar)

Quando se sente fome entre as refeições principais, faz-se uno spuntino (u-noh spun-ti-noh) (um lanche).

Não se pode falar em refeições e pratos sem o verbo básico mangiare (mahn-djah-reh) (comer). A Tabela 5-1 dá a conjugação.

Tabela 5-1   Conjugando o Verbo Mangiare

Italiano	Pronúncia	Tradução
io mangio	i-oh mahn-djoh	eu como
tu mangi	tu mahn-dji	você come (informal)
Lei mangia	lei mahn-djah	você come (formal)
lui/lei mangia	lu-i/lei mahn-djah	ele/ela come
noi mangiamo	noh-i mahn-djah-moh	nós comemos
Voi/voi mangiate	voh-i mahn-djah-teh	vocês comem (formal, informal)
loro mangiano	loh-roh mahn-djah-noh	eles comem

Palavras para Saber

Ho fame.	oh fah-meh	Estou com fome.
la (prima) colazione [f]	lah pri-mah koh-lah-tsi-oh-neh	café-da-manhã
il pranzo [m]	il prahn-dzoh	almoço
la cena [f]	lah tcheh-nah	jantar
uno spuntino [m]	u-noh spun-ti-noh	um lanche

Capítulo 5: Curtindo uma Bebida e um Lanche (ou Refeição)

Sede é outra necessidade que causa pressão, especialmente em um dia quente. Para declarar sua necessidade de uma bebida, diga Ho sete (oh seh-teh) (estou com sede). Para perguntar a um colega "você está com sede?" diga Hai sete? (ah-i seh-teh).

Não se pode falar sobre bebidas e drinques sem saber dizer "beber". A Tabela 5-2 dá a conjugação do verbo bere (beh-reh).

Tabela 5-2   Conjugando o Verbo Bere

Italiano	*Pronúncia*	*Tradução*
io bevo	i-oh beh-voh	eu bebo
tu bevi	tu beh-vi	você bebe (informal)
Lei beve	lei beh-veh	você bebe (formal)
lui/lei beve	lu-i/lei beh-veh	ele/ela bebe
noi beviamo	noh-i beh-vi-ah-moh	nós bebemos
Voi/voi bevete	voh-i beh-veh-teh	vocês bebem (formal, informal)
loro bevono	loh-roh beh-voh-noh	eles bebem

Em seu país, pode precisar pedir um café espresso em sua cafeteria favorita para receber aquela bebida escura, rica, pela qual se anseia, mas na Itália, a mesma bebida é recebida quando se pede um caffè (kahf-feh) (café). Na Itália, raramente se ouve a palavra espresso, a menos que il cameriere (il kah-meh-ri-eh-reh) (o garçom) diga "un espresso per la signora/il signore" (un ehs-prehs-soh pehr lah si-nhoh-rah/il si-nhoh-reh) (um expresso para a senhora/o senhor), anunciando que o café espresso é seu.

No verão, pode-se querer tomar café ou chá com ghiaccio (gi-ahtch-tchoh) (gelo). Peça um caffè freddo/shakerato (kahf-feh frehd-doh/sheh-keh-rah-toh) (café gelado) ou tè freddo (teh frehd-doh) (chá gelado).

Claro, as pessoas bebem outras coisas, além de caffè. Pode-se tomar

- **cioccolato calda** (tchohk-koh-lah-toh kahl-dah) (chocolate quente)
- **tè** (teh) (chá)
- **succhi di frutta** (suk-ki di frut-tah) (sucos de fruta)
- **acqua minerale** (ahk-ku-ah mi-neh-rah-leh) (água mineral)
- **aperitivo** (ah-peh-ri-ti-voh) (aperitivo)
- **birra** (bir-rah) (cerveja)

Pode-se tomar sua cerveja em uma bottiglia (boht-ti-lhah) (garrafa) ou alla spina (ahl-lah spi-nah) (chopp).

A Itália é famosa por seus vini (vi-ni) (vinhos). A simples imagem de uma garrafa de Chianti traz à mente ideias de jantares à luz de velas e romance. A grappa (grahp-pah) (conhaque) é um licor italiano famoso.

Ao pedir uma bebida na Itália, é preciso especificar quanto se quer. Use as seguintes palavras:

- **Una bottiglia di...** (u-nah boht-ti-lhah di) (Uma garrafa de...)
- **Una caraffa di...** (u-nah kah-rahf-fah di) (Uma jarra de...)
- **Un bicchiere di...** (un bi-ki-eh-ri di) (Um copo de...)
- **Una tazza di...** (u-nah taht-tsah di) (Uma xícara de...)
- **Una tazzina di...** (u-nah taht-tsi-nah di) (Uma xicrinha de...)

Palavras para Saber

acqua [f]	ahk-ku-ah	água
il vino [m]	il vi-noh	vinho
la lista dei vini [f]	lah lis-tah dei vi-ni	a carta de vinhos
bianco [m]	bi-ahn-koh	branco
rosso [m]	rohs-soh	vermelho, tinto
rosato [m]	roh-zah-toh	rosé
rosé [m]	roh-zeh	rosé
un bicchiere [f]	un bik-ki-eh-reh	um copo

Capítulo 5: Curtindo uma Bebida e um Lanche (ou Refeição)

O Início e o Término de um Jantar Fora

Essa seção discute o início e o término das refeições – como fazer reservas e pagar a conta. Buon appetito! (bu-ohn ahp-peh-ti-toh) (Bom apetite!)

Reservas

A menos que se esteja indo a uma pizzaria ou à trattoria (traht-toh-ri-ah) (restaurante pequeno) no fim da rua, geralmente é preciso reservar uma mesa em um bom restaurante italiano. Costumam-se usar estas frases ao fazer uma reserva:

- **Vorrei prenotare un tavolo.** (vohr-rei preh-noh-tah-reh un tah-voh-loh) (Eu gostaria de reservar uma mesa)
- **Per stasera** (pehr stah-seh-rah) (Para esta noite)
- **Per domani** (pehr doh-mah-ni) (Para amanhã)
- **Per due** (pehr du-eh) (Para dois)
- **Alle nove** (ahl-leh noh-veh) (Às nove)

Palavras para Saber

un tavolo [m]	un tah-voh-loh	uma mesa
prenotazione [f]	preh-noh-tah-tsi-oh-neh	reserva
domani	doh-mah-ni	amanhã
stasera	stah-seh-rah	esta noite

Pagamento da Conta

Quando quiser il conto (il kohn-toh) (a conta), peça ao garçom que a traga. A Tabela 5-3 dá a conjugação do verbo portare (pohr-tah-reh) (trazer).

Tabela 5-3 — Conjugando o Verbo Portare

Italiano	Pronúncia	Tradução
io porto	i-oh pohr-toh	eu trago
tu porti	tu pohr-ti	você traz (informal)
Lei porta	lei pohr-tah	você traz (formal)
lui/lei porta	lu-i/lei pohr-tah	ele/ela traz
noi portiamo	noh-i pohr-ti-ah-moh	nós trazemos
Voi/voi portate	voh-i pohr-tah-teh	vocês trazem (formal, informal)
loro portono	loh-roh pohr-toh-noh	eles trazem

As próximas frases provavelmente serão usadas em um restaurante, quando você estiver pagando a conta:

- **Ci porta il conto, per favore.** (tchi pohr-tah il kohn-toh pehr fah-voh-reh) (Traga-nos a conta, por favor)
- **Accettate carte di credito?** (ahtch-tcheht-tah-teh kahr-teh di kreh-di-toh) (Vocês aceitam cartões de crédito?)
- **Scusi, dov'è il bagno?** (sku-zi doh-veh il bah-nhoh) (Com licença, onde fica o banheiro?)

Tomando Café da Manhã

A primeira refeição de la giornata (lah djohr-nah-tah) (do dia) costuma ser la (prima) colazione (lah pri-mah koh-lah-tsi-oh-neh) (o café-da-manhã).

Muitos italianos começam com un caffè (un kahf-feh) (café expresso) em casa e param para tomar mais um em un bar (un bahr) (uma cafeteria) a caminho do trabalho. Eles podem pedir também un cornetto (un kohr-neht-toh) (croissant) recheado com la marmellata (lah mahr-mehl-laht-tah) (geleia), crema (kreh-mah) (creme) ou cioccolata (tchohk-koh-lah-tah) (chocolate).

Capítulo 5: Curtindo uma Bebida e um Lanche (ou Refeição) 83

Um bar italiano não é como aqueles do Brasil, aos quais vamos para beber uma cerveja ou coquetel à noite. Na Itália, pode-se ir al bar (ahl bahr) (ao bar) a qualquer hora do dia. Os bares oferecem café expresso, cappuccino, vinho e grapa, além de refeições leves. Esses bares se encontram em praticamente todas as esquinas.

O homem atrás do balcão em uma cafeteria, na Itália, chama-se il barista (il bah-ris-tah) (barman). Ele pode fazer as seguintes perguntas:

- ✔ **Qualcosa da mangiare?** (ku-ahl-koh-zah dah mahn-djah-reh) (Algo para comer?)
- ✔ **Altro?** (ahl-troh) (Mais alguma coisa?)

Se pedir algo, o barista pode responder com Certo (tchehr-toh) (Claro).

Palavras para Saber

il barista [m]	il bah-ris-tah	o barman
certo	tchehr-toh	claro
spremuta d'arancia	spreh-mu-tah dah-rahn-tchah	suco de laranja fresco
caffè [m]	kahf-feh	café
tazza [f]	taht-tsah	xícara
tazzina [f]	taht-tsi-nah	xicrinha

Almoçando e Jantando

Para os trabalhadores em boa parte do mundo, il pranzo (il prahn-tsho) (almoço) é uma oportunidade para uma pausa rápida no trabalho – uma chance de sair e pegar qualcosa di caldo (ku-ahl-koh-zah di kahl-doh) (algo quente). Os italianos fazem diferente. Podem comer un panino (un pah-ni-noh) (espécie de sanduíche) do alimentari (ah-li-mehn-tah-ri) (mercadinho) na esquina, mas a maioria dos trabalhadores costuma ter entre uma e três horas de almoço.

Alguns dos pratos tradicionais do almoço italiano são:

- **Antipasti** (ahn-ti-pahs-ti) (aperitivos), geralmente servidos frios, vão de verdure miste (vehr-du-reh mis-teh) (verduras diversas) até frutti di mare (frut-ti di mah-reh) (frutos do mar).

- **Primo piatto** (pri-moh pi-aht-toh) (primeiro prato) costuma ser a parte principal da refeição. Podem-se comer massas, risotto (ri-zoht-toh) (risoto), pratos de riso (ri-zoh) (arroz) ou minestra (mi-nehs-trah) (sopa).

  Um **primo** adorado é o **spaghetti con le vongole** (spah-geht-ti kohn leh vohn-goh-leh) (espaguete com vôngole), muitas vezes chamado de spaghetti alle veraci (spah-geht-ti ahl-leh veh-rah-tchi). Verace (veh-rah-tcheh) significa "genuíno, autêntico" e, neste caso, significa "com vôngoles napolitanos genuínos".

- **Il secondo** (il seh-kohn-doh) (o segundo prato), costuma consistir de carne (kahr-neh) (carne), pesce (peh-cheh) (peixe) ou piatti vegetariani (pi-aht-ti veh-djeh-tah-ri-ah-ni) (pratos vegetarianos). Contorni (kohn-tohr-ni) (acompanhamentos) podem ser pedidos separadamente.

- **La frutta** (lah frut-tah) (fruta) costuma ser um dos últimos pratos da refeição.

- **Il dolce** (il dohl-tcheh) (sobremesa) é algo doce, como um bolo, sorvete, pudim, e daí por diante.

Os italianos costumam fazer la cena (lah tcheh-nah) (o jantar) em casa, mas também comem fora. À noite, é possível ir tanto à pizzaria quanto a um restaurante mais formal.

Saboreando sopas italianas e massas

Quando se tratam de sopas, os italianos gostam de vários preparos e diferentes sabores. Pode-se tomar una minestra (u-nah mi-nehs-trah) (sopa) ou una zuppa (u-nah tsup-pah) (sopa cremosa). Il minestrone (il mi-nehs-troh-neh) (sopa cremosa de legumes) costuma ser feito com massas de tamanho pequeno e legumes. Il

Capítulo 5: Curtindo uma Bebida e um Lanche (ou Refeição)

brodo (il broh-doh) (caldo) pode ser vegetale (veh-djeh-tah-leh) (caldo de verduras), di pollo (di pohl-loh) (caldo de galinha), di manzo (di mahn-tsoh) (caldo de carne) ou di pesce (di peh-cheh) (caldo de peixe).

La zuppa (lah tsup-pah) (sopa cremosa) costuma ser preparada com legumi (leh-gu-mi) (legumes), cereali (tcheh-reh-ah-li) (cereais) ou verduras. Algumas das opções são:

- **zuppa di piselli** (tsup-pah di pi-zehl-li) (sopa de ervilha)
- **di ceci** (di tcheh-tchi) (sopa de grão de bico)
- **di lenticchie** (di lehn-tik-ki-eh) (sopa de lentilhas)
- **di patate** (di pah-tah-teh) (sopa de batatas)
- **di pomodori** (di poh-moh-doh-ri) (sopa de tomate)
- **di pesce** (di peh-cheh) (sopa de peixe)

Pasta e fagioli (pahs-tah eh fah-djoh-li) (sopa de feijão), especialidade popular e nutritiva da Toscana, também pertence a este grupo.

Pasta costuma significar massa de trigo de grão duro feita com farinha e água. Os vários tipos são:

- **spaghetti** (spah-geht-ti) (espaguete)
- **bucatini** (bu-kah-ti-ni) (espaguete grosso, tipo tubo)
- **penne** (pehn-neh) (massa em forma de cilindro, curta, pontiaguda nas extremidades)
- **fusilli** (fu-zil-li) (massa em formato espiral)
- **rigatoni** (ri-gah-toh-ni) (massa com ranhuras, curta e em formato cilíndrico)

Pasta fresca (pahs-tah frehs-kah) (massa fresca) significa pasta all'uovo (pahs-tah ahl-lu-oh-voh) (massa com ovos), também chamada pasta fatta in casa (pahs-tah faht-tah in kah-zah) (massa caseira). Algumas são:

- **tagliatelle** (tah-lhah-tehl-leh) (macarrão chato)
- **fettuccine** (feht-tutch-tchi-neh) (macarrão chato e estreito)
- **tonnarelli** (tohn-nah-rehl-li) (macarrão tubular)

86 Guia de Conversação Italiano Para Leigos

Ao experimentar uma massa, verifique se ela está al dente (ahl dehn-teh) (literalmente: ao dente, significando que a massa está um pouco dura; então, é preciso usar os dentes mesmo!)

Uso dos verbos "prendere" e "volere"

O verbo prendere (prehn-deh-reh) (literalmente, "pegar", mas neste contexto, comer, beber ou pedir) é útil, quando se está falando sobre comidas e bebidas. Veja a conjugação na Tabela 5-4.

Tabela 5-4		Conjugando o Verbo Prendere
Italiano	*Pronúncia*	*Tradução*
io prendo	i-oh prehn-doh	eu como/eu bebo/ eu peço
tu prendi	tu prehn-di	você come/você bebe/você pede (informal)
Lei prende	lei prehn-deh	você come/você bebe/você pede (formal)
lui/lei prende	lu-i/lei prehn-di	ele/ela come / ele/ela bebe/ ele/ela pede
noi prendiamo	noh-i prehn-di-ah-moh	nós comemos/nós bebemos/nós pedimos
Voi/voi prendete	voh-i prehn-deh-teh	vocês comem/vocês bebem/vocês pedem (formal, informal)
loro prendono	loh-roh prehn-doh-noh	eles comem/eles bebem/eles pedem

Aqui estão alguns exemplos com este verbo em ação:

- **Che cosa prendiamo?** (keh koh-zah prehn-di-ah-moh) (O que vamos comer?)
- **Che cosa prendi?** (keh koh-zah prehn-di) (O que você vai comer?)

"Querer" é outro verbo importante em um restaurante, lanchonete ou bar. A próxima conjugação mostra a forma educada do verbo volere (voh-leh-reh) (querer). Enquanto

Capítulo 5: Curtindo uma Bebida e um Lanche (ou Refeição)

o português tem o verbo "gostar" (como em "eu gostaria de um sanduíche"), que as pessoas usam para serem educadas, o italiano usa a forma condicional do verbo "querer" para expressar educação. A Tabela 5-5 mostra a conjugação.

Tabela 5-5	Conjugando o Verbo Volere	
Italiano	*Pronúncia*	*Tradução*
io vorrei	i-oh vohr-rei	eu queria
tu vorresti	tu vohr-rehs-ti	você queria (informal)
Lei vorrebbe	lei vohr-rehb-beh	você queria (formal)
lui/lei vorrebbe	lu-i/lei vohr-rehb-beh	ele/ela queria
noi vorremmo	noh-i vohr-rehm-moh	nós queríamos
Voi/voi vorreste	voh-i vohr-rehs-teh	vocês queriam (formal, informal)
loro vorrebbero	loh-roh vohr-rehb-beh-roh	eles queriam

Pedindo pelo cardápio

Com as palavras prendo (prehn-doh) (quero) e vorrei (vohr-rei) (gostaria) em seu vocabulário, está a caminho de fazer seu pedido com sucesso. Aqui estão algumas frases úteis:

- **Guardiamo il menù.** (gu-ahr-di-ah-moh il meh-nu) (Vamos olhar o cardápio)
- **Che cosa consiglia la casa?** (keh koh-zah kohn-si-lhah lah kah-zah) (Qual a sugestão da casa?)
- **Sono molto piccanti?** (soh-noh mohl-toh pik-kahn-ti) (São muito picantes?)
- **Le prendo.** (leh prehn-doh) (Quero-os)
- **Vorrei qualcosa di leggero** (vohr-rei ku-ahl-koh-zah di lehdj-djeh-roh) (Gostaria de algo leve)

Os muitos significados de "prego"

Prego (preh-goh) tem muitos significados. Quando dito em resposta a grazie (grah-tsi-eh) (obrigado), significa "de nada". Mas caixas e atendentes também usam para perguntar de que você gostaria e se podem ajudar. Escuta-se prego frequentemente ao entrar em um local público ou em uma loja. Também se usa prego, quando se dá algo a alguém. Nesse caso, a palavra é traduzida como "aqui está". Prego também é uma resposta muito formal, quando alguém pede permissão. A seguir, alguns exemplos de como prego é usado:

- **Grazie.** (grah-tsi-eh) (obrigado)

    Prego. (preh-goh) (de nada)

- **Prego?** (preh-goh) (pois não?)

    Posso entrare? (pohs-soh ehn-trah-reh) (posso entrar?)

    Prego. (preh-goh) (por favor)

- **Prego, signore.** (preh-goh si-nhoh-reh) (aqui está, senhor)

    Grazie. (grah-tsi-eh) (obrigado)

Palavras para Saber

il menù [m]	il meh-nu	o cardápio
consiglia la casa [f]	kohn-si-lhah lah kah-zah	sugestão da casa
saporito	sah-poh-ri-toh	saboroso
piccante	pik-kahn-teh	picante
leggero	lehdj-djeh-roh	leve

Capítulo 5: Curtindo uma Bebida e um Lanche (ou Refeição)

Saboreando a Sobremesa

Depois de uma refeição, os italianos costumam comer frutta fresca (frut-tah frehs-kah) (fruta fresca), un dolce (un dohl-tcheh) (um doce), ou mesmo tutt'e due (tut-teh du-eh) (ambos) como sobremesa. Outro preferido é gelato (djeh-lah-toh) (sorvete) – rico, cremoso e delicioso. Pode-se escolher entre gelati confezionati (djeh-lah-ti kohn-feh-tsi-oh-nah-ti) (sorvetes industrializados) e gelati artigianali (djeh-lah-ti ahr-ti-djah-nah-li) (sorvetes caseiros). Se escolher o último, deverá decidir se quer em cono (koh-noh) (casquinha) ou em coppetta (kohp-peht-tah) (copinho).

Também será preciso decidir qual gusto (gus-toh) (sabor) vai querer, quantas palline (pahl-li-neh) (bolas) e se quer con panna montata (kohn pahn-nah mohn-tah-tah) (com chantilly) ou senza panna montata (sehn-tsah pahn-nah mohn-tah-tah) (sem chantilly).

Palavras para Saber

gelato [m]	djeh-lah-toh	sorvete
cioccolato [m]	tchohk-koh-lah-toh	chocolate
fragola [f]	frah-goh-lah	morango
limone [m]	li-moh-neh	limão
cono [m]	koh-noh	casquinha
dieta [f]	di-eh-tah	dieta
soltanto	sohl-tahn-toh	apenas
tutt'e due	tut-teh du-eh	ambos

Capítulo 6

Comprar até Morrer!

Neste Capítulo
- Orientando-se em uma loja
- Encontrando a cor e o tamanho certos
- Compra de alimentos
- Pagamento em dinheiro ou com cartão de crédito

A Itália é famosa por seu gosto e senso de moda, bem como por seus stilisti (sti-lis-ti) (estilistas), que construíram esta reputação. Ao ver um italiano bem vestido, dá vontade de sair para fazer compras e ficar tão bem quanto ele. E qual o melhor lugar para comprar roupas lindas se não a Itália, líder europeu na produção de moda e calçados?

Este capítulo cobre ainda outra das preferências italianas: comida. De peixe fresco até pães crocantes, encontra-se tudo de que se precisa em um mercato (mehr-kah-toh) (mercado) italiano.

Então, como se diz "comprar" em italiano? Dizemos fare la spesa (fah-reh lah speh-zah) (literalmente, fazer a compra) para compra de alimentos e fare spese (fah-reh speh-zeh) para todo o resto. A boa notícia é que é preciso conjugar apenas o verbo fare, como mostra a Tabela 6-1.

Tabela 6-1		Conjugação do Verbo Fare
Italiano	*Pronúncia*	*Tradução*
io faccio spese	i-oh fahtch-tcho speh-zeh	eu faço compras
tu fai spese	tu fah-i speh-zeh	você faz compras (informal)
Lei fa spese	lei fah speh-zeh	você faz compras (formal)
lui/lei fa spese	lu-i/lei fah speh-zeh	ele/ela faz compras
noi facciamo spese	noh-i fahtch-tchah-moh speh-zeh	nós fazemos compras
Voi/voi fate spese	voh-i fah-teh speh-zeh	vocês fazem compras (formal, informal)
loro fanno spese	loh-roh fahn-noh speh-zeh	eles fazem compras

Fazendo suas Compras por Departamentos

Os brasileiros têm acesso a enormes **centri commerciali** (tchehn-tri kohm-mehr-tchah-li) (shopping centers), onde se encontra de tudo. Na Itália, as compras são feitas em **grandi magazzini** (grahn-di mah-gaht-tsi-ni) (lojas de departamentos), que são pequenas, se comparadas aos shoppings brasileiros.

Em lojas de departamentos de qualquer tamanho, os avisos ajudam-no a se localizar:

- **entrata** (ehn-trah-tah) (entrada)
- **uscita** (u-chi-tah) (saída)
- **uscita di sicurezza** (u-chi-tah di si-ku-reht-tsah) (saída de emergência)
- **spingere** (spin-djeh-reh) (empurrar)
- **tirare** (ti-rah-reh) (puxar)

Capítulo 6: Comprar até Morrer! 93

- **orario di apertura** (o-rah-ri-oh di ah-pehr-tu-rah) (horário de abertura)
- **aperto** (ah-pehr-toh) (aberto)
- **chiuso** (ki-u-zoh) (fechado)
- **scala mobile** (skah-lah moh-bi-leh) (escada rolante)
- **ascensore** (ah-chehn-soh-reh) (elevador)
- **cassa** (kah-sah) (caixa)
- **camerini** (kah-meh-ri-ni) (provadores)

As placas que indicam os vários reparti (reh-pahr-ti) (departamentos) podem ou não incluir a palavra da (dah) (para), como em abbigliamento da donna (ahb-bi-lhah-mehn-toh dah dohn-nah) (roupas para mulheres). Outros departamentos que podem lhe interessar são:

- **abbigliamento da uomo** (ahb-bi-lhah-mehn-toh dah u-oh-moh) (roupas masculinas)
- **abbigliamento da bambino** (ahb-bi-lhah-mehn-toh dah bahm-bi-noh) (roupas infantis)
- **intimo donna** (in-ti-moh dohn-nah) (roupas íntimas femininas)
- **intimo uomo** (in-ti-moh u-oh-moh) (roupas íntimas masculinas)
- **accessori** (ahtch-tcheh-soh-ri) (acessórios)
- **profumeria** (proh-fu-meh-ri-ah) (perfumaria)
- **articoli da toletta** (ahr-ti-koh-li dah toh-leht-tah) (artigos de toilette)
- **casalinghi** (kah-zah-lin-gi) (utensílios domésticos)
- **biancheria per la casa** (bi-ahn-keh-ri-ah pehr lah kah-zah) (roupas de cama, mesa e banho)
- **articoli sportivi** (ahr-ti-koh-li spohr-ti-vi) (artigos esportivos)
- **articoli da regalo** (ahr-ti-koh-li dah reh-gah-loh) (artigos para presentes)

Falando com o Vendedor

Quando se tem uma dúvida ou é necessário aconselhar-se em uma loja, procura-se la commessa [f] (lah kohm-mehs-sah) ou il commesso [m] (il kohm-mehs-soh) (o[a] vendedor[a]) e diz-se Mi può aiutare, per favore? (mi pu-oh ah-iu-tah-reh pehr fah-voh-reh) (Pode me ajudar, por favor?).

Avere bisogno di (ah-veh-reh bi-zoh-nhoh di) (precisar) é uma expressão frequente em italiano. Ela é usada em qualquer tipo de loja. É dita assim:

Ho bisogno di... (oh bi-zoh-nhoh di) (Preciso de...)

Basta usar a forma adequada de avere (veja no Capítulo 2) e acrescentar bisogno di ao fim para dizer "preciso de", "ele precisa de", e daí por diante.

Se estiver só olhando e um vendedor perguntar Posso essere d'aiuto? (pohs-soh ehs-seh-reh dah-iu-toh) ou Desidera? (deh-zi-deh-rah) (Posso ajudar? Pois não?), responde-se Sto solo dando un'occhiata, grazie (sto soh-loh dahn-doh u-nohk-ki-ah-tah grah-tsi-eh) (Estou só dando uma olhada, obrigado).

Palavras para Saber

vestiti [m]	vehs-ti-ti	roupas
abito [m]	ah-bi-toh	terno
camicetta [f]	kah-mi-tcheht-tah	blusa
camicia [f]	kah-mi-tchah	camisa
cappotto [m]	kahp-poht-toh	casaco
completo [m]	kohm-pleh-toh	conjunto de saia ou calça e blusa
giacca [f]	djahk-kah	paletó, jaqueta esportiva
gonna [f]	gohn-nah	saia
impermeabile [m]	im-pehr-meh-ah-bi-leh	capa de chuva

Palavras para Saber

maglietta [f]; T-shirt	mah-lheht-tah; ti-shirt	camiseta
paio di jeans [m]	pah-ioh di jeans	calça jeans
pantaloni [m]	pahn-tah-loh-ni	calças
tailleur [m]	tah-lhehr	conjunto de saia ou calça e terninho
vestito [m]	vehs-ti-toh	vestido

Dimensionando os Tamanhos Italianos

Sempre que se vai a outro país, particularmente na Europa, os tamanhos – chamados taglie (tah-lheh) ou misure (mi-zu-reh) na Itália – mudam e nunca se sabe qual corresponde ao seu. A Tabela 6-2 mostra a maioria dos tamanhos comuns.

Tabela 6-2	Tamanhos das Roupas
Tamanho Italiano	*Tamanho Brasileiro*
Tamanhos de vestidos femininos	
40	40
43	42
44	44
46	46
48	46
50	50
Tamanhos de ternos masculinos	
48	-
50	48

(continua)

52	-
54	50
56	52
58	54

Escolha das Cores e dos Tecidos

É importante conhecer algumas colori (koh-loh-ri) (cores). A Tabela 6-3 lista as cores mais comuns.

Tabela 6-3	Cores	
Italiano	*Pronúncia*	*Tradução*
arancione	ah-rahn-tchoh-neh	laranja
azzurro	ahd-dzur-roh	azul celeste
beige	beh-djeh	bege
bianco	bi-ahn-koh	branco
blu	blu	azul
giallo	djahl-loh	amarelo
grigio	gri-djoh	cinza
marrone	mahr-roh-neh	marrom
nero	neh-roh	preto
rosa	roh-zah	rosa
rosso	rohs-soh	vermelho
verde	vehr-deh	verde
viola	vi-oh-lah	violeta

Duas palavras importantes no que se refere às cores são scuro/a/i/e (sku-roh/-rah/-ri/-reh) (escuro) e chiaro/a/i/e (ki-ah-roh/-rah/-ri/-reh) (claro). Não se preocupe com essas vogais no fim das palavras. Elas serão usadas uma de cada vez, de acordo com o gênero e o número do substantivo que modificam:

Capítulo 6: Comprar até Morrer! 97

- Use **–o** para substantivos masculinos no singular.
- Use **–a** para substantivos femininos no singular.
- Use **–i** para substantivos masculinos no plural.
- Use **–e** para substantivos femininos no plural.

Você pode querer especificar um tipo particular de tecido ao comprar um item. A Tabela 6-4 lista alguns tecidos comuns:

Tabela 6-4		Tecidos
Italiano	*Pronúncia*	*Tradução*
camoscio [m]	kah-moh-shoh	camurça
cotone [m]	koh-toh-neh	algodão
flanella [f]	flah-nehl-lah	flanela
lana [f]	lah-nah	lã
lino [m]	li-noh	linho
pelle [f]	pehl-leh	couro
seta [f]	seh-tah	seda
velluto [m]	veh-lu-toh	veludo
viscosa [f]	vis-koh-zah	raiom

Acessórios

Claro, você quer dar um toque final à sua produção, com belos accessori (ahtch-tcheh-soh-ri) (acessórios):

- **berretto** (behr-reht-toh) (gorro)
- **borsa** (bohr-sah) (bolsa)
- **calze** (kahl-tseh) (meia)
- **calzini** (kahl-tsi-ni) (meias)
- **cappello** (kahp-pehl-loh) (chapéu)

- **cintura** (tchin-tu-rah) (cinto)
- **collant** (kohl-lahn) (meia-calça)
- **cravatta** (krah-vaht-tah) (gravata)
- **guanti** (gu-ahn-ti) (luvas)
- **ombrello** (om-brehl-loh) (guarda-chuva)
- **sciarpa** (shahr-pah) (cachecol)

Saindo em estilo

Sabendo que a Itália é líder na indústria de calçados, não é difícil acreditar no bom gosto que os italianos têm para scarpe (skahr-peh) (sapatos). Se viajar à Itália, dê uma olhada nas várias sapatarias. Você pode acabar encontrando os sapatos dos seus sonhos, sejam eles um paio di scarpe (pah-io di skahr-peh) (par de sapatos) comum, pantofole (pahn-toh-foh-leh) (chinelos), sandali (sahn-dah-li) (sandálias) ou stivali (sti-vah-li) (botas).

Ao experimentar os sapatos, pode precisar destas palavras:

- **stretta/e** (streht-tah/-teh) (apertado)
- **larga/e** (lahr-gah/-geh) (largo)
- **corta/e** (kohr-tah/-teh) (curto)
- **lunga/e** (lun-gah/-geh) (comprido)

Como la scarpa (lah skahr-pah) (o sapato) é feminino em italiano, mostramos apenas as desinências femininas para estes adjetivos: –a para singular e –e para plural.

O italiano usa numero (nu-meh-roh) (número) para falar sobre sapatos, mas taglie (tah-lheh) ou misure (mi-zu-reh) para falar sobre roupas.

Comprando Alimentos

As pessoas compram alimentos em um supermercato (su-pehr-mehr-kah-toh) (supermercado). Porém, muitas cidades italianas têm feiras livres e pequenas lojas, chamadas alimentari (ah-li-mehn-tah-ri), onde se pode comprar de tudo, de latte (laht-teh) (leite) a biscotti (bis-koht-ti) (biscoitos), até todos os tipos de salumi (sah-lu-mi) (frios) e formaggi (fohr-mahdj-dji) (queijos).

É possível optar por comprar carne (kahr-neh) (carne) em um macellaio (mah-tchehl-lah-ioh) (açougue), comprar prodotti (proh-doht-ti) (produtos) frescos na venda de um agricultor e pane (pah-neh) (pães) em uma panetteria (pah-neht-teh-ri-ah) (padaria), mas no supermercado tudo pode ser encontrado.

Carnes

No açougueiro, podem-se escolher itens como estes:

- **agnello** (ah-nhehl-loh) (carneiro)
- **anatra** (ah-nah-trah) (pato)
- **fegato** (feh-gah-toh) (fígado – se não for especificado, fígado de bezerro)
- **maiale** (mah-iah-leh) (porco)
- **manzo** (mahn-tsoh) (carne de vaca)
- **pollo** (pohl-loh) (frango)
- **vitello** (vi-tehl-loh) (vitela)
- **bistecca** (bis-tehk-kah) (bife)
- **cotoletta** (koh-toh-leht-tah) (costeleta)
- **filetto** (fi-leht-toh) (filé)

Frutos do mar

Na Itália, encontra-se bom pesce (peh-cheh) (peixe) fresco, quando se está próximo ao mar ou a um lago. Se encontrar uma boa pescheria (pehs-keh-ri-ah) (peixaria), poderá pedir o que seu paladar desejar:

- **acciughe fresche** (ahtch-tchu-geh frehs-keh) (anchovas frescas)
- **aragosta** (ah-rah-gohs-tah) (lagosta)

100 Guia de Conversação Italiano Para Leigos

- **calamari** (kah-lah-mah-ri) (lula)
- **cozze** (koht-tseh) (mexilhões)
- **crostacei** (krohs-tah-tcheh-i) (crustáceos)
- **frutti di mare** (frut-ti di mah-reh) (frutos do mar)
- **gamberetti** (gahm-beh-reht-ti) (camarões)
- **gamberi** (gahm-beh-ri) (pitu)
- **granchi** (grahn-ki) (caranguejo)
- **merluzzo** (mehr-lut-tsoh) (bacalhau)
- **pesce spada** (peh-sheh spah-dah) (peixe espada)
- **polpo/polipo** (pohl-poh/poh-li-poh) (polvo)
- **sogliola** (soh-lhoh-lah) (linguado)
- **spigola** (spi-goh-lah) (robalo)
- **tonno** fresco (tohn-noh frehs-koh) (atum fresco)
- **vongole** (vohn-goh-leh) (vôngole)

Produtos agrícolas

Quando se vai al mercato (ahl mehr-kah-toh) (ao mercado) – e aqui estamos falando sobre uma feira livre – para comprar alimentos, primeiramente encontram-se frutta (frut-tah) (fruta) e verdura (vehr-du-rah) (verdura). A tabela 6-5 lista frutas que podem ser encontradas no estate (ehs-tah-teh) (verão) e no autunno (ah-u-tun-noh) (outono), agrumi (ah-gru-mi) (frutas cítricas) e frutas que podem ser encontradas tutto l'anno (tut-toh lahn-noh) (o ano inteiro). Damos as formas no singular e no plural.

Tabela 6-5		Frutas e Verduras
Italiano/Plural	*Pronúncia*	*Tradução*
albicocca/albi-cocche [f]	ahl-bi-kohk-kah/-keh	damasco
ananas [m]	ah-nah-nahs	abacaxi

(continua)

Capítulo 6: Comprar até Morrer! 101

arancia/arance [f]	ah-rahn-tchah/-tcheh	laranja
asparago/i [m]	ah-spah-rah-goh/-dji	aspargo
banana/e [f]	bah-nah-nah/-neh	banana
broccoli [m]	brohk-koh-li	brócolis
carota/e [f]	kah-roh-tah/-teh	cenoura
cavolo/i [m]	kah-voh-loh/-li	repolho
ciliegia/e [f]	tchi-li-eh-djah/-dji	cereja
cocomero/i [m]	koh-koh-meh-roh/-ri	melancia
fico/fichi [m]	fi-koh/-ki	figo
fragola/e [f]	frah-goh-lah/-leh	morango
fungo/funghi [m]	fun-goh/-gi	cogumelos
limone/i [m]	li-moh-neh/-ni	limão
mela/e [f]	meh-lah/-leh	maçã
melanzana/e [f]	meh-lahn-dzah-nah/-neh	berinjela
melone/i [m]	meh-loh-neh/-ni	melão
peperone/i [m]	peh-peh-roh-neh/-ni	pimentão
pera/e [f]	peh-rah/-reh	pera
pesca/pesche [f]	pes-kah/-keh	pêssego
pomodoro/i [m]	poh-moh-doh-roh/-ri	tomate
pompelmo/i [m]	pohm-pehl-moh/-mi	toranja
prugna/e [f]	pru-nhah/-nheh	ameixa
spinaci [m]	spi-nah-tchi	espinafre
uva [f]	u-vah	uva
zucchine/i [f/m]	dzuk-ki-neh/-ni	pepino

Na maioria dos casos, é preciso dizer o que se deseja e o vendedor pegará para você. Os preços são de acordo com o peso, geralmente por chilo (ki-loh) (quilo). Ocasionalmente, encontram-se cestinhas ou sacos de papel, indicando que é possível escolher sua própria frutta (frut-tah) (fruta) ou la verdura (lah vehr-du-rah) (verdura).

Un etto (un eht-toh) significa 100 gramas. Mezz'etto (meht-tseh-toh) são 50 gramas, porque mezzo (meht-tsoh) significa "meio". Da mesma forma, um mezzo chilo (meht-tsoh ki-loh) é meio quilo.

Produtos de panificação

Em uma panetteria (pah-neht-teh-ri-ah) (padaria), podem-se experimentar todos os tipos de diferentes espécies de pane (pah-neh) (pães), indo desde pane integrale (pah-neh in-teh-grah-leh) (pão integral) até dolci (dohl-tchi) (doces).

Na maioria das padarias italianas, encontramos também pizza al taglio (pit-tsah ahl tah-lhoh) (pizza em fatias), que é paga de acordo com o peso. Pode-se escolher entre pizza bianca (pit-tsah bi-ahn-kah) (pizza branca) – ou seja, pizza coberta apenas com mussarela e óleo de oliva – e pizza rossa (pit-tsah rohs-sah) (pizza vermelha), que é coberta com tomates ou molho de tomate. O sabor pode variar de uma padaria para a outra, assim como varia de uma região para outra.

Palavras para Saber

gli alimentari [m]	lah-li-mehn-tah-ri	mercadinho
la drogheria [f]	lah droh-geh-ri-ah	quitanda
il fruttivendolo [m]	il frut-ti-vehn-doh-loh	loja de frutas, verdureiro
il mercato [m]	il mehr-kah-toh	feira
la panetteria [f]	lah pah-neht-teh-ri-ah	padaria
la pescheria [f]	lah pehs-keh-ri-ah	peixaria
la salumeria [f]	lah sah-lu-meh-ri-ah	delicatessen

Capítulo 6: Comprar até Morrer! 103

Pagamento das Compras

Quando se quer comprar algo, é preciso pagar. Portanto, fornecemos a conjugação do verbo pagare (pah-gah-reh) (pagar) na Tabela 6-6.

Tabela 6-6	Conjugação do Verbo Pagare	
Italiano	*Pronúncia*	*Tradução*
io pago	i-oh pah-goh	eu pago
tu paghi	tu pah-gi	você paga (informal)
Lei paga	lei pah-gah	você paga (formal)
lui/lei paga	lu-i/lei pah-gah	ele/ela paga
noi paghiamo	noh-i pah-gi-ah-moh	nós pagamos
Voi/voi pagate	voh-i pah-gah-teh	vocês pagam (formal, informal)
loro pagano	loh-roh pah-gah-noh	eles pagam

Nas lojas de departamento italianas, os preços estão marcados claramente em euro e incluem os impostos. Geralmente, durante saldi (sahl-di) (promoções), il prezzo (il preht-tsoh) (o preço) na etiqueta já está reduzido, mas podem-se encontrar etiquetas que dizem saldi alla cassa (sahl-di ahl-lah kah-sah) (desconto no caixa).

Quando se quer saber o preço de um item, pergunta-se Quanto vengono? (ku-ahn-toh vehn-goh-noh) (Quanto é?) ou Quanto costano? (ku-ahn-toh kohs-tah-noh) (Quanto custa?).

Na Itália, não é possível pagar com cartão de crédito ou cheque em todos os lugares, então pergunte antes de comprar algo. As portas das lojas costumam indicar quais cartões são aceitos pelo estabelecimento; alguns estabelecimentos não aceitam nem cheques nem cartões de crédito. Os italianos costumam gostar de receber in contanti (in kohn-tahn-ti) (em dinheiro).

As próximas frases podem ajudar a completar sua compra:

- **Posso pagare con la carta di credito?** (pohs-soh pah-gah-reh kohn lah kahr-tah di kreh-di-toh) (Posso pagar com cartão de crédito?)
- **Mi dispiace, non accettiamo carte di credito. Dovrebbe pagare in contanti.** (mi dis-pi-ah-tcheh nohn ahtch-tchehtti-ah-moh kahr-teh di kreh-di-toh doh-vrehb-beh pah-gah-reh in kohn-tahn-ti) (Lamento, não aceitamos cartões de crédito. Deve pagar em dinheiro.)
- **Dov'è il prossimo bancomat?** (doh-veh il prohs-si-moh bahn-koh-maht) (Onde fica o caixa eletrônico mais próximo?)

Palavras para Saber

accettare	ahtch-tcheht-tah-reh	aceitar
la carta di credito [f]	lah kahr-tah di kreh-di-toh	cartão de crédito
il bancomat [m]	il bahn-koh-maht	o caixa eletrônico
contanti [m]	kohn-tahn-ti	dinheiro
travelers' checks	trah-veh-lehrs shehks	travelers' checks
spiccioli [m]	spitch-tchoh-li	trocados

Capítulo 7

Fazendo do Lazer uma Prioridade

Neste Capítulo
- Apreciando as belas artes
- Estendendo e recebendo convites
- Descoberta das áreas ao ar livre
- Perseguindo esportes e outros hobbies

Curtir a cidade é sempre divertido, seja ao visitar um lugar novo ou ao brincar de il turista (il tu-ris-tah) (o turista) em sua própria cidade. Neste capítulo, damos as informações necessárias para falar sobre diversões e socializar-se.

Em geral, os italianos são pessoas sociáveis que curtem divertir-se. Eles são vistos tomando café juntos al bar (ahl bahr) (no bar) ou drinques à noite in piazza (in pi-aht-tsah) (na praça). A maioria dos italianos adora sair à noite, deixando as ruas cheias até tarde. Nos fins de semana, os italianos gostam de sair em grupos: encontram os amici (ah-mi-tchi) (amigos) em reuniões.

Aquisição de Cultura

Não importa onde você more ou para onde viaje, a maioria das grandes cidades tem uma pubblicazione (pub-bli-kah-tsi-oh-neh) (publicação) semanal, que lista informações sobre os próximos eventos. Essas publicações incluem descrições e horários dos teatros, exibições, festivais, filmes, e daí por diante. Claro, as propagandas também preenchem as páginas, mas a diferença entre annuncio (ahn-nun-tchoh) (anúncio) e pubblicità (pub-bli-tchi-tah) (propaganda) costuma ser fácil de determinar.

Os jornais não são sua única fonte de informações sobre coisas para ver e para fazer. As próximas perguntas podem trazer as respostas desejadas:

- **Cosa c'è da fare di sera?** (koh-zah tcheh dah fah-reh di seh-rah) (O que há para se fazer à noite?)
- **Può suggerirmi qualcosa?** (pu-oh sudj-djeh-rir-mi ku-ahl-koh-zah) (Pode recomendar algo?)
- **C'è un concerto stasera?** (tcheh un kohn-tchehr-toh stah-seh-rah) (Tem um show hoje à noite?)
- **Dove si comprano i biglietti?** (doh-veh si kohm-prah-noh i bi-lheht-ti) (Onde se compram os ingressos?)
- **Ci sono ancora posti?** (tchi soh-noh ahn-koh-rah pohs-ti) (Ainda há lugares disponíveis?)
- **Quanto vengono i biglietti?** (ku-ahn-toh vehn-goh-noh i bi-lheht-ti) (Quanto custam os ingressos?)

Ao assistir shows, certos verbos são úteis: cominciare (koh-min-tchah-reh) (começar) e finire (fi-ni-reh) (terminar). Veja alguns exemplos:

- **Il film comincia alle sette.** (il film koh-min-tchah ahl-leh seht-teh) (O filme começa às sete).
- **Lo spettacolo finisce alle nove e trenta.** (loh speht-tah-koh-loh fi-ni-sheh ahl-leh noh-veh eh trehn-tah) (O espetáculo termina às nove e trinta).

Capítulo 7: Fazendo do Lazer uma Prioridade 107

Palavras para Saber

a che ora?	ah keh oh-rah	que horas?
quando?	ku-ahn-doh	quando?
dove?	doh-veh	onde?
spettacolo [m]	speht-tah-koh-loh	show
museo [m]	mu-zeh-oh	museu
mostra [f]	mohs-trah	exibição
biglietto [m]	bi-lheht-toh	ingresso
esaurito	eh-zah-u-ri-toh	esgotado
intervallo [m]	in-tehr-vahl-loh	intervalo

Ir ao cinema

Ir al cinema (ahl tchi-neh-mah) (ao cinema) é uma atividade popular em quase todos os lugares. Você pode ir

- **da solo** (dah soh-loh) (sozinho)
- **con un amico** (kohn un ah-mi-koh) (com um amigo)
- **in gruppo** (in grup-poh) (em grupo)

Geralmente, **il film** (il film) (o filme) que se quer ver está passando em uma **multisala** (mul-ti-sah-lah) (multiplex).

Na Itália, os filmes americanos costumam ser doppiati (dohp-pi-ah-ti) (dublados) em italiano, mas, às vezes, é possível encontrar a versão original em inglês, com legendas em italiano.

Seguem algumas perguntas comuns sobre filmes:

- **Andiamo** al cinema? (ahn-di-ah-moh ahl tchi-neh-mah) (Vamos ao cinema?)
- **Cosa** danno? (koh-zah dahn-noh) (O que está passando?)
- **Chi** sono gli attori? (ki soh-noh lhi aht-toh-ri) (Quem são os atores?)

- **Dove** lo fanno? (doh-veh loh fahn-noh) (Onde [o filme] está passando?)
- **È** in lingua (versione) originale? (eh in lin-gu-ah [vehr-si-oh-neh] oh-ri-dji-nah-leh) (O filme está na língua original?)
- **Dov'è** il cinema? (doh-veh il tchi-neh-mah) (Onde é o cinema?)

Nota: Dov'è é a forma contraída de Dove è.

Os cinemas costumam estar lotados. Portanto, é sempre bom reservar seu biglietto (bi-lheh-toh) (ingresso) com antecedência.

Palavras para Saber

attore [m]	aht-toh-reh	ator
regista [f/m]	reh-djis-tah	diretor
trama [f]	trah-mah	trama
scena [f]	sheh-nah	cena
doppiati	dohp-pi-ah-ti	dublados
multisala [m]	mul-ti-sah-lah	multiplex

Escolher a poltrona no teatro

A linguagem do teatro e a do cinema são muito semelhantes. Quando se assiste a uma peça, ópera ou sinfonia, no entanto, o local onde se senta é mais que um motivo para discussão. Na maioria dos casos, os assentos na platea (plah-teh-ah) (plateia) são poltronissime (pohl-troh-nis-si-meh) (assentos da primeira e segunda filas) e poltrone (pohl-troh-neh) (assentos nas demais fileiras). Ou podem-se escolher posti nei palchi (pohs-ti neh-i pahl-ki) (camarotes).

Alguns teatros indicam os assentos pelo número da fila: i primi posti (i pri-mi pohs-ti) (os primeiros lugares) ficam nas primeiras cinco ou seis filas, i secondi posti (i seh-kohn-di pohs-ti) ficam nas fileiras seguintes, e daí por diante.

Capítulo 7: Fazendo do Lazer uma Prioridade

Você vai querer evitar alguns assentos. Um médico que possa ser chamado no meio de uma apresentação provavelmente não vai querer se sentar centrale/i (tchehn-trah-leh/-li) (no meio da fila). Ou talvez você não goste de ficar cercado e prefira assentos laterale/i (lah-teh-rah-leh/-li) (nas laterais).

Em grandes teatros, e especialmente em casas de ópera, pode-se sentar em il loggione (il lohdj-djoh-neh) (a galeria), que também é chamada de la piccionaia (lah pitch-tchoh-nah-iah) (literalmente: pombal), porque fica bem no alto.

A seguir, algumas frases úteis relacionadas às apresentações:

- **la replica** (lah reh-pli-kah) (reapresentação)
- **la matinée** (lah mah-ti-neh) (a matinê)
- **lo spettacolo pomeridiano** (loh speht-tah-koh-loh poh-meh-ri-di-ah-noh) (apresentação vespertina)

Ir a um show

Música é a linguagem universal. Algumas das formas mais populares, como l'opera (loh-peh-rah) (ópera), estão proximamente associadas ao italiano.

Talvez conheça um músico ou alguém que toque um instrumento em suas horas de lazer. Você deve estar curioso e querendo perguntar coisas como

- **Che strumento suoni?** (keh stru-mehn-toh su-oh-ni) (Que instrumento você toca?)

  Suono il violino. (su-oh-noh il vi-oh-li-noh) (Toco violino).

- **Dove suonate stasera?** (doh-veh su-oh-nah-teh stah-seh-rah) (Onde vocês vão tocar hoje à noite?)

  Suoniamo al Blu Notte. (su-oh-ni-ah-moh ahl blu noht-teh) (Tocamos no Blu Notte).

- **Chi suona in famiglia?** (ki su-oh-nah in fah-mi-lhah) (Quem toca na família?)

  Suoniamo tutti. (su-oh-nah-moh tut-ti) (Todos tocamos).

Palavras para Saber

musica [f]	mu-zi-kah	música
concerto [m]	kohn-tchehr-toh	show
musicisti [m]	mu-zi-tchis-ti	músicos
suonare	su-oh-nah-reh	tocar (um instrumento)
piano(forte) [m]	pi-ah-noh(-fohr-teh)	piano

Convidando para Divertir-se

Fazer ou receber un invito (un in-vi-toh) (um convite) é sempre um prazer, seja quando se convida um amigo casualmente para um jantar ou quando se recebe um convite para o que promete ser la festa (lah fehs-tah) (a festa) do ano.

Uma festa é uma boa oportunidade para conhecer novas pessoas. Quando se tem vontade de divertir, pode-se dizer que você quer dare una festa (dah-reh u-nah fehs-tah) (dar uma festa). Você também pode usar a expressão fare una festa (fah-reh u-nah fehs-tah) (fazer uma festa).

Como se faz um convite em italiano? A Tabela 7-1 dá o primeiro passo – a conjugação do verbo invitare (in-vi-tah-reh) (convidar).

Tabela 7-1   Conjugação do Verbo Invitare

Italiano	*Pronúncia*	*Tradução*
io invito	i-oh in-vi-toh	eu convido
tu inviti	tu in-vi-ti	você convida (informal)
Lei invita	lei in-vi-tah	você convida (formal)
lui/lei invita	lu-i/lei in-vi-tah	ele/ela convida
noi invitiamo	noh-i in-vi-ti-ah-moh	nós convidamos

(continua)

Capítulo 7: Fazendo do Lazer uma Prioridade 111

Voi/voi invitate	voh-i in-vi-tah-teh	vocês convidam (formal, informal)
loro invitano	loh-roh in-vi-tah-noh	eles convidam

Sugerir uma atividade em italiano não é muito diferente de como se faz em português. Pode-se perguntar Perché non... (pehr-keh nohn) (Porque não...) ou Che ne pensi... (keh neh pehn-si) (Que tal...). O uso de vamos, porém, é um pouco diferente.

Em italiano, a forma como se diz algo e o tom usado diferencia uma sentença normal de uma sugestão. Diz-se Andiamo! (ahn-di-ah-moh) (Vamos!) com entusiasmo e ele é pontuado com uma exclamação, mas Andiamo al ristorante (ahn-di-ah-moh ahl ris-toh-rahn-teh) (Vamos ao restaurante) é uma sentença normal. A forma real do verbo não muda.

Se seu convite for aceito, a pessoa poderá dizer Ci sarò (tchi sah-roh) (estarei lá).

A palavra perché é especial. É usada aqui para perguntar "por que". No entanto, ela também pode significar a resposta "porque". Um diálogo pode ser assim:

Perché non mangi? (pehr-keh nohn mahn-dji) (Por que não come?)

Perché non ho fame. (pehr-keh nohn oh fah-meh) (Porque não estou com fome).

Palavras para Saber

invito [m]	in-vi-toh	convite
festa [f]	fehs-tah	festa
ospite [m/f]	ohs-pi-teh	anfitrião
perché	pehr-keh	porque, por que
bere	beh-reh	beber
ballare	bahl-lah-reh	dançar

Sair e Andar por Aí

Todo mundo gosta de fugir do trabalho pesado diário e conhecer novos ambientes e atividades durante seu tempo de lazer. Quem está de férias flui al mare (ahl mah-reh) (à praia), vai in montagna (in mohn-tah-nhah) (para a montanha) ou in campagna (in kahm-pah-nhah) (para o campo) ou viaja para uma grande città (grahn-deh tchit-tah) (cidade grande) para conhecer a paisagem.

Talvez você use seu fine settimana (fi-neh seht-ti-mah-nah) (fim-de-semana) para praticar esportes como calcio (kahl-tchoh) (futebol) ou pallavolo (pahl-lah-voh-loh) (vôlei). Ou talvez você se estacione diante da tv para assistir pallacanestro (pahl-lah-kah-nehs-troh) (basquete). Em todos os casos, saber falar sobre esportes e outras atividades de recreação é um ponto a mais em qualquer idioma.

Curtir as maravilhas da natureza

Talvez goste de subir nas montanhas para se aproximar da natureza. Mesmo quando ti godi (ti goh-di) (você curte) a Mãe Natureza sozinho, pode querer conhecer algum vocabulário para expressar as maravilhas vistas. Veja a Tabela 7-2.

Tabela 7-2		Natureza
Italiano	*Pronúncia*	*Tradução*
verde	vehr-deh	natureza
albero [m]	ahl-beh-roh	árvore
bosco [m]	bohs-koh	bosque
campagna [f]	kahm-pah-nhah	campo
fiore [m]	fi-oh-reh	flor
fiume [m]	fi-u-meh	rio
lago [m]	lah-goh	lago
mare [m]	mah-reh	mar
montagna [f]	mohn-tah-nhah	montanha

(continua)

Capítulo 7: Fazendo do Lazer uma Prioridade 113

pianta [f]	pi-ahn-tah	planta
pino [m]	pi-noh	pinho
prato [m]	prah-toh	gramado, prado
quercia [f]	ku-ehr-tchah	carvalho

Quando estiver no campo, poderá ver alguns animali (ah-ni-mah-li) (animais). A Tabela 7-3 dá os nomes de alguns que são comuns.

Tabela 7-3		Animais
Italiano	*Pronúncia*	*Tradução*
cane [m]	kah-neh	cão
cavallo [m]	kah-vahl-loh	cavalo
gatto [m]	gaht-toh	gato
lupo [m]	lu-poh	lobo
maiale [m]	mah-iah-leh	porco
mucca [f]	muk-kah	vaca
pecora [f]	peh-koh-rah	ovelha
uccello [m]	utch-tchehl-loh	pássaro

Em algumas das próximas sentenças relacionadas ao ar livre, o italiano toma emprestadas palavras inglesas – piquenique e jogging.

- **Mi piace camminare nel verde.** (mi pi-ah-tcheh kahm-mi-nah-reh nehl vehr-deh) (Gosto de caminhar na natureza).
- **Facciamo un picnic sul prato?** (fahtch-tchah-moh un pik-nik sul prah-toh) (Vamos fazer um piquenique no gramado?)
- **Ti piace il osservare gli ucceli?** (ti pi-ah-tcheh il ohs-sehr-vah-reh lhi utch-tchehl-li) (Você gosta de observar os pássaros?)
- **Faccio jogging nel parco.** (fahtch-tchoh djohg-ging nehl pahr-koh) (Faço jogging no parque).
- **Ho una piccola fattoria.** (oh u-nah pik-koh-lah faht-toh-ri-ah) (Tenho um sítio).

Fazer uma excursão

Esteja você em uma cidade ou em uma área rural, poderá encontrar diversão e coisas interessantes para ver. Pode-se fazer uma viagem de carro ou deixar a direção para outra pessoa e inscrever-se em uma visita guiada a locais especiais. Use as próximas perguntas para ajudar a descobrir mais sobre una gita organizzat (u-nah dji-tah ohr-gah-nid-dzah-tah) (uma excursão).

Note que o italiano tem duas formas basicamente intercam biáveis para dizer "fazer um passeio": fare una gita (fah-rel u-nah dji-tah) e fare un'escursione (fah-reh u-nehs-kur-si-oh-neh).

Aqui estão algumas perguntas que podem ser feitas ao reservar uma excursão:

- **Ci sono gite organizzate?** (tchi soh-noh dji-teh ohr-gah-nid-dzah-teh) (Há excursões organizadas?)
- **Che cosa c'è da vedere?** (keh koh-zah tcheh dah veh-deh-reh) (O que há pra ver?)
- **Quanto costa la gita?** (ku-ahn-toh kohs-tah lah dji-tah) (Quanto custa o passeio?)
- **C'è una guida portoghese?** (tcheh u-nah gu-i-dah pohr-toh-geh-zeh) (Tem guia que fale português?)
- **Dove si comprano i biglietti?** (doh-veh si kohm-prah-noh i bi-lheht-ti) (Onde se compram as passagens/os ingressos?)

Prática de esportes

Praticar esportes e falar a respeito é um passatempo favorito de pessoas do mundo inteiro. Alguns esportes são feitos em italiano. Essas palavras são combinadas com o verbo fare (fah-reh) (fazer, praticar). A Tabela 7-4 lista os esportes que usam este verbo.

Capítulo 7: Fazendo do Lazer uma Prioridade 115

Tabela 7-4 — Esportes com o Verbo Fare

Italiano	Pronúncia	Tradução
atletica	ah-tleh-ti-kah	atletismo
ciclismo	tchi-klis-moh	ciclismo
equitazione	eh-ku-i-tah-dzi-oh-neh	equitação
jogging	djoh-ging	jogging
nuoto	nu-oh-toh	natação
palestra	pah-lehs-trah	ir à academia
scherma	skehr-mah	esgrima
sci nautico	chi nah-u-ti-koh	esqui aquático

Com outros esportes, usamos giocare (djoh-kah-reh) (jogar). A Tabela 7-5 lista alguns esportes populares que usam este verbo.

Tabela 7-5 — Esportes com o Verbo Giocare

Italiano	Pronúncia	Tradução
calcio	kahl-tchoh	futebol
pallacanestro	pahl-lah-kah-nehs-troh	basquete
pallavolo	pahl-lah-voh-loh	vôlei
tennis	tehn-nis	tênis

Finalmente, alguns esportes usam o verbo andare (ahn-dah-reh) (ir), inclusive andare a cavallo (ahn-dah-reh ah kah-vahl-loh) (cavalgar) e andare in bicicletta (ahn-dah-reh in bi-tchi-kleht-tah) (pedalar).

A Tabela 7-6 dá as conjugações para estes três verbos importantes: fare, andare e giocare.

Tabela 7-6 — Conjugação dos Verbos Fare, Andare e Giocare

Italiano	Pronúncia	Tradução
fare	fah-reh	fazer
io faccio	i-oh fahtch-tchoh	eu faço
tu fai	tu fah-i	você faz (informal)
Lei fa	lei fah	você faz (formal)
lui/lei fa	lu-i/lei fah	ele/ela faz
noi facciamo	noh-i fahtch-tchah-moh	nós fazemos
Voi/voi fate	voh-i fah-teh	vocês fazem (formal, informal)
loro fanno	loh-roh fahn-noh	eles fazem
andare	ahn-dah-reh	ir
io vado	i-oh vah-doh	eu vou
tu vai	tu vah-i	você faz (informal)
Lei fa	lei fah	você faz (formal)
lui/lei va	lu-i/lei vah	ele/ela vai
noi andiamo	noh-i ahn-di-ah-moh	nós vamos
Voi/voi andate	voh-i ahn-dah-teh	vocês fazem (formal, informal)
loro vanno	loh-roh vahn-noh	eles vão
giocare	djoh-kah-reh	jogar
io gioco	i-oh djoh-koh	eu jogo
tu giochi	tu djoh-ki	você joga (informal)
Lei gioca	lei djoh-kah	você joga (formal)
lui/lei gioca	lu-i/lei djoh-kah	ele/ela joga
noi giochiamo	noh-i djoh-ki-ah-moh	nós jogamos
Voi/voi giocate	voh-i djoh-kah-teh	vocês jogam (formal, informal)
loro giocano	loh-roh djoh-kah-noh	eles jogam

Capítulo 7: Fazendo do Lazer uma Prioridade 117

Podem-se acompanhar esportes desde o tênis, passando pelo pugilato (pu-dji-lah-toh) (pugilismo), chegando à Formula 1 (fohr-mu-lah u-noh) (Fórmula Um). Ou pode-se ser mais ativo e participar de esportes como estes:

- **camminare** (kah-min-nah-reh) (caminhada)
- **fare equitazione** (fah-reh eh-ku-i-tah-dzi-oh-neh) (equitação)
- **fare snowboarding** (fah-reh snu-bor-ding) (snowboard)
- **fare vela** (fah-reh veh-lah) (vela)
- **pattinare** (paht-ti-nah-reh) (patinação no gelo)
- **pescare** (pehs-kah-reh) (pescaria)
- **sciare** (shi-ah-reh) (esquiar)

Na Itália, os esportes mais populares são il calcio (il kahl-tchoh) (o futebol) e il ciclismo (il tchi-klis-moh) (ciclismo). Basta pensar em um evento mundialmente conhecido como Giro d'Italia (dji-roh di-tah-li-ah), o passeio ciclístico italiano.

Capítulo 8

Quando é Preciso Trabalhar

Neste Capítulo
- Falando sobre negócios
- Realizando uma conversa telefônica
- Agendando compromissos
- Deixando recados

Os contatos comerciais com pessoas de outros países aumentam em importância continuamente. Como a tecnologia moderna suporta a troca rápida de informações por vastas distâncias, pode precisar falar com parceiros comerciais estrangeiros ou até viajar para seus países. Se tiver contatos com uma empresa ou um empresário da Itália, será útil conhecer algum vocabulário comercial básico. Porém, o inglês é a língua dos negócios e o italiano adotou muitos termos da informática em inglês.

Loja da Conversa

O italiano tem pelo menos três palavras para "empresa" e elas são intercambiáveis:

- **la compagnia** (lah kohm-pah-nhi-ah)
- **la ditta** (lah dit-tah) (que significa também "a firma")
- **la società** (lah soh-tcheh-tah).

120 Guia de Conversação Italiano Para Leigos

L'ufficio (luf-fi-tchoh) significa "escritório", mas as pessoas costumam usar stanza (stahn-tsah) (sala) para se referirem a seu escritório particular.

É difícil falar sobre o trabalho sem o verbo lavorare (lah-voh-rah-reh) (trabalhar). A Tabela 8-1 dá a conjugação deste verbo trabalhoso.

Tabela 8-1	Conjugação do Verbo Lavorare	
Italiano	*Pronúncia*	*Tradução*
io lavoro	i-oh lah-voh-roh	eu trabalho
tu lavori	tu lah-voh-ri	você trabalha (informal)
Lei lavora	lei lah-voh-rah	você trabalha (formal)
lui/lei lavora	lu-i/lei lah-voh-rah	ele/ela trabalha
noi lavoriamo	noh-i lah-voh-ri-ah-moh	nós trabalhamos
Voi/voi lavorate	voh-i lah-voh-rah-teh	vocês trabalham (formal, informal)
loro larovano	loh-roh lah-voh-rah-noh	eles trabalham

Profissões comuns

Il lavoro (il lah-voh-roh) (trabalho, emprego) é um assunto popular para um bate papo. A Tabela 8-2 lista as palavras italianas para profissões comuns.

Tabela 8-2		Profissões
Italiano	*Pronúncia*	*Tradução*
architetto [f/m]	ahr-ki-teht-toh	arquiteto/a
avvocato [f/m]	ahv-voh-kah-toh	advogado/a
commessa [f]/ commesso [m]	kohm-mehs-sah/ kohm-mehs-soh	vendedor/a
giornalista [f/m]	djohr-nah-lis-tah	jornalista/a

(continua)

ingegnere [f/m]	in-djeh-nheh-reh	engenheiro/a
insegnante [f/m]	in-seh-nhahn-teh	professor/a
meccanico [f/m]	mehk-kah-ni-koh	mecânico/a
medico [f/m]	meh-di-koh	médico/a
regista [f/m]	reh-djis-tah	diretor/a de cinema

O elemento humano

Mesmo quando se é libero professionista (li-beh-roh proh-fehs-si-oh-nis-tah) (autônomo), a probabilidade é que seu trabalho o coloque em contato com outras pessoas. Todas estas pessoas têm títulos, como mostram os seguintes mini-diálogos:

- ✔ **Il mio capo è una donna.** (il mi-oh kap-poh eh u-nah dohn-nah) (Meu chefe é uma mulher).

  Il mio è un tirano! (il mi-oh eh un ti-rah-noh) (O meu é um mandão!)

- ✔ **Hai un assistente/un'assistente personale?** (ah-i un ahs-sis-tehn-teh/u-nahs-sis-tehn-teh pehr-soh-nah-leh) (Você tem um/a assistente pessoal?)

  No, il nostro team ha un segretario/una segretaria. (noh il nohs-troh team ah un seh-greh-tah-ri-oh/una seh-greh-tah-ri-ah) (Não, nossa equipe tem um secretário/uma secretária).

- ✔ **Dov'è il direttore?** (doh-veh il di-reht-toh-reh) (Onde está o diretor?)

  Nella sua stanza. (nehl-lah su-ah stahn-tsah) (Na sua sala).

Palavras para Saber

colleghi [m]	kohl-leh-gi	colegas
superiori [m]	su-peh-ri-oh-ri	superiores
capo [m]	kah-poh	chefe
segretario [m]	seh-greh-tah-ri-oh	secretário

(continua)

domanda d'assunzione [f]	doh-mahn-dah dahs-sun-tsi-oh-neh	candidatura a emprego
colloquio [m]	kohl-loh-ku-i-oh	entrevista
biglietto da visita [m]	bi-lheht-toh dah vi-zi-tah	cartão de visitas

Equipamentos de escritório

Mesmo os menores escritórios hoje usam uma ampla variedade de equipamentos. Felizmente, muitas dessas palavras "tecnológicas" são parecidas em italiano e em português. Por exemplo, computer, fax e e-mail são usadas e pronunciadas como em inglês, e as palavras italianas para "fotocópia" e "fotocopiadora" são bastante intuitivas – fotocopia (foh-toh-koh-pi-ah) e fotocopiatrice (foh-toh-koh-pi-ah-tri-tcheh), respectivamente.

Aqui está algum vocabulário de equipamentos de escritório:

- **la stampante** (lah stahm-pahn-teh) (a impressora)
- **il fax** (il fahks) (o fax)
- **la macchina** (lah mahk-ki-nah) (a máquina)
- **l'e-mail** (li-mail) (o e-mail)
- **un indirizzo e-mail** (un in-di-rit-tsoh i-mail) (um endereço de e-mail)
- **il messaggio** (il mehs-sahdj-djoh) (a mensagem)
- **Non funziona, è rotto.** (nohn fun-tsi-oh-nah eh roht-toh) (Não funciona, está quebrado).

Batendo Papo ao Telefone

Pronto! (prohn-toh) (Alô!) é a primeira coisa que se ouve ao se falar ao telefone com um italiano. Essa palavra é especial: na maioria dos idiomas, atende-se ao telefone com uma palavra usada para dizer "olá" em qualquer situação, mas, em italiano, usa-se pronto para dizer olá apenas ao telefone.

Capítulo 8: Quando é Preciso Trabalhar   123

Pronto significa mais que apenas olá. Costuma significar "estou pronto" nos casos em que funciona como adjetivo e, portanto, se altera de acordo com o substantivo que modifica. Se o substantivo modificado é masculino, o adjetivo termina em –o (pronto). Se o substantivo for feminino, ele termina em –a – pronta (prohn-tah). Considere estes exemplos:

- **Martino, sei pronto?** (mahr-ti-noh sei prohn-toh) (Martino, está pronto?)
- **La cena è pronta.** (lah tcheh-nah eh prohn-tah) (O jantar está pronto).

Outro uso de pronto que se deve conhecer é pronto soccorso (prohn-toh sohk-kohr-soh) (pronto-socorro). Neste contexto, pronto significa "rápido".

Os italianos são fanáticos por celulares. É difícil encontrar um italiano que não tenha um telefone celular, que eles chamam de il cellulare (il tcheh-lu-lah-reh). Eles os adoram tanto que lhes deram um apelido carinhoso – il telefonino (il teh-leh-foh-ni-noh) que, literalmente, significa "telefoninho".

Se você estiver fazendo a ligação, responderá ao pronto identificando-se:

- **Sono Giorgio.** (soh-noh djohr-djoh) (É o Giorgio)
- **Sono io!** (soh-noh i-oh) (Sou eu!)
- **Con chi parlo?** (kohn ki pahr-loh) (Com quem falo?)

A pessoa do outro lado da linha, especialmente em uma situação de negócios, pode dizer Mi dica! (mi di-kah) [Posso ajudar? (literalmente: diga!)].

Ligar de um telefone público

Precisamos dizer algo sobre il telefono pubblico (il teh-leh-foh-noh pub-bli-koh) (o telefone público). Se você não tiver um celular e precisar ligar para alguém enquanto estiver na rua, você irá procurar una cabina telefonica (u-nah kah-bi-nah teh-leh-foh-ni-kah) (uma cabine telefônica). Esses telefones podem ser un telefono a monete (un teh-leh-foh-noh ah moh-neh-teh) (um telefone operado por

124 Guia de Conversação Italiano Para Leigos

moedas) ou un telefono a scheda (un teh-leh-foh-noh ah skeh-dah) (um telefone com cartão).

Na Itália, um cartão telefônico se chama la carta telefonica (lah kahr-tah teh-leh-foh-ni-kah) ou la scheda telefonica (lah skeh-dah teh-leh-foh-ni-kah). Eles podem ser comprados nos tabaccai (tah-bahk-kah-i) (quiosques que vendem cigarros, jornais e outros) ou no correio.

Aqui estão algumas frases úteis:

- **C'è/avete un telefono?** (tcheh ah-veh-teh un teh-leh-foh-noh) (Tem/Vocês têm um telefone?)
- **È a monete?** (eh ah moh-neh-teh) (É operado a moedas?)
- **Avete schede telefoniche?** (ah-veh-teh skeh-deh teh-leh-foh-ni-keh) (Vocês têm cartões telefônicos?)
- **Il telefono dà libero.** (il teh-leh-foh-noh dah li-beh-roh) (O telefone está livre).
- **Il telefono dà occupato.** (il teh-leh-foh-noh dah ohk-ku-pah-toh) (O telefone está ocupado).
- **Il telefono squilla.** (il teh-leh-foh-noh sku-il-lah) (O telefone está tocando).
- **Rispondi!** (ris-pohn-di) (Atenda!)
- **Attacca!** (aht-tahk-kah) (Desligue!)

Se você não souber um numero di telefono (nu-meh-roh di teh-leh-foh-noh) (número de telefone), você tem três alternativas para descobri-lo:

- **Procure no elenco telefonico** (eh-lehn-koh teh-leh-foh-ni-koh) (lista telefônica).
- **Se for um número comercial, consulte nas pagine gialle** (pah-dji-neh djahl-leh) (páginas amarelas).
- **Ligue para o servizio informazioni** (il sehr-vi-tsi-oh in-fohr-mah-tsi-oh-ni) (serviço de informações).

Ligação de negócios ou por prazer

Se quiser agendar um compromisso, saber o horário de início de um show ou apenas conversar com um amigo, a forma mais simples de realizar qualquer uma destas tarefas costuma ser pegar o telefone. A Tabela 8-3 mostra a conjugação dos verbos parlare (pahr-lah-reh) (falar) e chiamare (ki-ah-mah-reh) (ligar).

Tabela 8-3	Conjugação dos Verbos Parlare e Chiamare	
Italiano	*Pronúncia*	*Tradução*
parlare	pahr-lah-reh	falar
io parlo	i-oh pahr-loh	eu falo
tu parli	tu pahr-li	você fala (informal)
Lei parla	lei pahr-lah	você fala (formal)
lui/lei parla	lu-i/lei pahr-lah	ele/ela fala
noi parliamo	noh-i pahr-li-ah-moh	nós falamos
Voi/voi parlate	voh-i pahr-lah-teh	vocês falam (formal, informal)
loro parlano	loh-roh pahr-lah-noh	eles falam
chiamare	ki-ah-mah-reh	ligar
io chiamo	i-oh ki-ah-moh	eu ligo
tu chiami	tu ki-ah-mi	você liga (informal)
Lei chiama	lei ki-ah-mah	você liga (formal)
lui/lei chiama	lu-i/lei ki-ah-mah	ele/ela liga
noi chiamiamo	noh-i ki-ah-mi-ah-moh	nós ligamos
Voi/voi chiamate	voh-i ki-ah-mah-teh	vocês ligam (formal, informal)
loro chiamano	loh-roh ki-ah-mah-noh	eles ligam

Às vezes, telefonamos apenas para bater papo – fare due chiacchiere al telefono (fah-reh du-eh ki-ahk-ki-eh-reh ahl teh-leh-foh-noh). Mas a pessoa do outro lado da linha pode não estar preparada para isto. Então, você poderá perguntar (ou talvez ouça a outra pessoa dizer):

- **Sei occupata?** (sei ohk-ku-pah-tah) (Está ocupada?)
- **Ti posso richiamare?** (ti pohs-soh ri-ki-ah-mah-reh) (Posso retornar a tua ligação?)

Palavras para Saber

cellulare; telefonino [m]	tcheh-lu-lah-reh; teh-leh-foh-ni-noh	telefone celular
cabina telefonica [f]	kah-bi-nah teh-leh-foh-ni-kah	cabine telefônica
telefono pubblico [m]	teh-leh-foh-noh pub-bli-koh	telefone público
telefono a monete [m]	teh-leh-foh-noh ah moh-neh-teh	telefone operado por moeda
carta/scheda telefonica [f]	kahr-tah/skeh-dah teh-leh-foh-ni-kah	cartão telefônico

Procurando Pessoas e Deixando Recados

Frequentemente, usamos o telefone para contatar alguém a negócios ou por prazer. Então, é bom saber pedir para chamar a pessoa com quem se queira falar. Caso não esteja disponível, precisará estar confortável para deixar um recado.

Os próximos diálogos dão algumas frases úteis para usar o telefone:

Buongiorno, sono Leo. C'è Camila? (bu-ohn-djohr-noh soh-noh leh-oh tcheh kah-mi-lah) (Bom dia, é o Leo. Camila está?)

No, è appena uscita. (noh eh ahp-peh-nah u-chi-tah) (Não, acabou de sair)

Quando la trovo? (ku-ahn-doh lah troh-voh) (Quando a encontro?)

Verso le nove. (vehr-soh leh noh-veh) (Por volta das nove)

Le posso lasciare un messaggio? (leh pohs-soh lah-shah-reh un mehs-sahdj-djoh) (Posso deixar um recado para ela?)

Aqui está um pequeno diálogo que é mais comum em uma situação de negócios:

Buongiorno, dica. (bu-ohn-djohr-noh di-kah) (Bom dia, pois não?)

Potrei parlare con il signor Trevi? (poh-trei pahr-lah-reh kohn il si-nhohr treh-vi) (Eu poderia falar com o senhor Trevi?)

Mi dispiace, è in riunione. (mi dis-pi-ah-tcheh eh in ri-u-ni-oh-neh) (Lamento, ele está em reunião)

Potrei lasciargli un messaggio? (poh-trei lah-shahr-lhi un mehs-sahdj-djoh) (Eu poderia deixar um recado para ele?)

Talvez queira verificar os recados. Você conhece a situação: está aguardando um telefonema, mas o aparelho não toca. Então, precisa sair. Ao voltar, você quer saber se alguém telefonou. Essa pergunta pode ser feita de diversas formas:

- **Ha chiamato qualcuno per me?** (ah ki-ah-mah-toh ku-ahl-ku-noh pehr meh) (Alguém me ligou?)
- **Mi ha chiamato qualcuno?** (mi ah ki-ah-mah-toh ku-ahl-ku-noh) (Alguém me ligou?)
- **Chi ha telefonato?** (ki ah teh-leh-foh-nah-toh) (Quem telefonou?)
- **Chiamate per me?** (ki-ah-mah-teh pehr meh?) (Ligações para mim?)

Palavras para Saber

pronto	prohn-toh	alô
arrivederci	ahr-ri-veh-dehr-tchi	até logo
chiacchierare	ki-ahk-ki-eh-rah-reh	bater papo
Attenda in linea!	aht-tehn-dah in li-neh-ah	Aguarde na linha!
chiamare	ki-ah-mah-reh	telefonar
chiamata [f]	ki-ah-mah-tah	ligação
informazione [f]	in-fohr-mah-tsi-oh-neh	informação

Capítulo 9

Vou por Aí: Transportes

Neste Capítulo
- Viagens de avião
- Declaração de bens à alfândega
- Alugando carros e usando transporte público
- Pedindo informações sobre direções

Esteja você visitando a Itália ou explicando a um amigo que fale italiano como andar pela cidade, o vocabulário de transportes é muito útil. Este capítulo ajuda a encontrar-se no aeroporto e passar pela alfândega, e o ajuda a garantir transporte para chegar onde se quer ir, quando estiver em terra, seja por táxi, por ônibus, carro ou trem. Finalmente, mostramos como alugar um carro e pedir informações sobre direções (mas não ensinamos como fazer com que outra pessoa peça as informações!)

Superando o Aeroporto

Em um aeroporto italiano, é possível se virar em inglês, mas a pessoa que você encontrar talvez saiba apenas italiano. Em uma eventualidade, é preciso saber algumas palavras e frases úteis. Além disso, provavelmente vai querer praticar a língua na qual estará imerso ao sair do aeroporto.

Fazendo check-in

O momento em que você finalmente se livra de sua bagagem é chamado de check-in – ou, em italiano, accettazione (ahtch-tcheht-tah-tsi-oh-neh). Você também retira sua carta d'imbarco (kahr-tah dim-bahr-koh) (cartão de embarque) no guichê de check-in.

Aqui estão algumas coisas que o atendente poderá dizer:

- **Il suo biglietto, per favore**. (il su-oh bi-lheht-toh pehr fah-voh-reh) (Seu bilhete, por favor)
- **Passaporto?** (pahs-sah-pohr-toh) (Passaporte?)
- **Quanti bagagli ha?** (ku-ahn-ti bah-gah-lhi ah) (Quantas malas tem?)
- **Preferisce un posto vicino al finestrino o al corridoio?** (preh-feh-ri-sheh un pohs-toh vi-tchi-noh ahl fi-nehs-tri-noh oh ahl kohr-ri-doh-i-oh) (Prefere um assento junto à janela ou corredor?)
- **L'imbarco è alle nove e quindici, uscita tre.** (lim-bahr-koh eh ahl-leh noh-veh eh ku-in-di-tchi u-shi-tah treh) (O embarque é às 9:15, portão 3)

Palavras para Saber

passaporto [m]	pahs-sah-pohr-toh	passaporte
valigia [f]	vah-li-djah	mala
borsa [f] a mano	bohr-sah ah mah-noh	bagagem de mão
bagaglio [m]	bah-gah-lhoh	bagagem
arrivo [m]	ahr-ri-voh	chegada
partenza [f]	pahr-tehn-tsah	partida
destinazione [f]	dehs-ti-nah-tsi-oh-neh	destino
uscita [f]	u-shi-tah	saída, portão

Capítulo 8: Quando é Preciso Trabalhar 131

Aguardando para embarcar no avião

Antes de embarcar, poderá se encontrar em situações imprevistas, como atrasos. Caso aconteça, provavelmente vai querer se informar. As próximas sentenças representam uma conversa típica sobre esse assunto:

- **Il volo è in orario?** (il voh-loh eh in oh-rah-ri-oh) (O voo está no horário?)
- **No, è in ritardo.** (noh eh in ri-tahr-doh) (Não, está atrasado)
- **Di quanto?** (di ku-ahn-toh) (Quanto tempo?)
- **Circa quindici minuti.** (tchir-kah ku-in-di-tchi mi-nu-ti) (Cerca de quinze minutos)

Enquanto estiver aguardando, duas outras perguntas podem ser úteis:

- **Dov'è il bar?** (doh-veh il bahr) (Onde fica a lanchonete?)
- **Dove sono i servizi?** (doh-veh soh-noh i sehr-vi-tsi) (Onde ficam os banheiros?)

Palavras para Saber

volo [m]	voh-loh	voo
in ritardo	in ri-tahr-doh	atrasado
in orario	in oh-rah-ri-oh	no horário
servizi [m]	sehr-vi-tsi	banheiros

Cuidando dos interesses após aterrissar

Depois que seu avião aterrissar, será preciso cuidar das suas necessidades, como encontrar um banheiro, trocar dinheiro, procurar a área de reclamações de bagagens e garantir um carrinho para as bagagens e um táxi. As próximas perguntas podem ser úteis:

132 Guia de Conversação Italiano Para Leigos

- **Dov'è un bancomat?** (doh-veh un bahn-koh-maht) (Onde tem um caixa eletrônico?)
- **C'è anche una banca?** (tcheh ahn-keh u-nah bahn-kah) (Tem um banco também?)
- **Dove sono i carrelli?** (doh-veh soh-noh i kahr-rehl-li) (Onde estão os carrinhos para bagagem?)

Veja no Capítulo 3 mais sobre câmbio de moeda.

Palavras para Saber

in vacanze	in vah-kahn-tseh	de férias
per lavoro	pehr lah-voh-roh	a trabalho
consegna bagagli [f]	kohn-seh-nhah bah-gah-lhi	retirada de bagagens
cambio [m]	kahm-bi-oh	câmbio
entrata [f]	ehn-trah-tah	entrada
uscita [f]	u-shi-tah	saída

Passando pela alfândega

Não se pode entrar em um país estrangeiro sem passar pela dogana (doh-gah-nah) (alfândega). O agente alfandegário pergunta Niente da dichiarare? (ni-ehn-teh dah di-ki-ah-rah-reh) (Nada a declarar?). Você responderá de uma destas maneiras:

- **Se** você tiver algo a declarar, diga **Ho questo/queste cose da dichiarare.** (oh ku-ehs-toh/ku-ehs-teh koh-zeh dah di-ki-ah-rah-reh) (Tenho que declarar isto/estas coisas).
- **Do contrário, diga No, niente.** (noh ni-ehn-teh) (Não, nada).

Em alguns casos, o agente alfandegário dirá Per questo deve pagare il dazio. (pehr ku-ehs-toh deh-veh pah-gah-reh il dah-tsi-oh) (Deve ser pago o imposto sobre isso).

Capítulo 9: Vou por Aí: Transportes 133

Palavras para Saber

controle passaporti [m]	kohn-troh-le pahs-sah-pohr-ti	controle de passaportes
dogana [f]	doh-gah-nah	alfândega
dichiarare	di-ki-ah-rah-reh	declarar
niente [m]	ni-ehn-teh	nada
pagare	pah-gah-reh	pagar

Alugando um Carro

Se você não tiver um carro, poderá precisar alugar um, quando estiver de férias. Para alugar um carro por telefone ou em uma agência de aluguel de automóveis, o processo é o mesmo: basta dizer à companhia que aluga automóveis que tipo de carro deseja alugar e sob quais condições. O próximo diálogo mostra uma conversa típica com um agente:

Vorrei noleggiare una macchina. (vohr-rei noh-lehdj-djah-reh u-na mahk-ki-nah) (Gostaria de alugar um carro.)

Che tipo? (keh ti-poh) (De que tipo?)

Di media cilindrata col cambio automatico. (di meh-di-ah tchi-lin-drah-tah kohl kahm-bi-oh ah-u-toh-mah-ti-koh) (De média cilindrada com câmbio automático).

Per quanto tempo? (pehr ku-ahn-toh tehm-poh) (Por quanto tempo?)

Una settimana. (u-nah seht-ti-mah-nah) (Uma semana)

Quanto costa a settimana? (ku-ahn-toh kohs-tah ah seht-ti-mah-nah) (Quanto custa por semana?)

C'è una tariffa speciale. (tcheh u-nah tah-rif-fah speh-tchah-leh) (Há uma tarifa especial)

L'assicurazione è inclusa? (lahs-si-ku-rah-tsi-oh-neh eh in-klu-zah) (Seguro incluído?)

Sì, con la polizza casco. (si kohn lah poh-lits-tsah kahs-koh) (Sim, com cobertura de danos causados pelo motorista).

A Tabela 9-1 lista algumas das expressões de que você pode precisar ao alugar um carro ou abastecê-lo.

Tabela 9-1	Palavras e Frases Relacionadas a Automóveis	
Italiano	*Pronúncia*	*Tradução*
l'aria condizionata [f]	lah-ri-ah kohn-di-tsi-oh-nah-tah	ar condicionado
il cabriolet [m]	il kah-bri-oh-leh	conversível
fare benzina	fah-reh behn-dzi-nah	colocar gasolina
faccia il pieno	fahtch-tchah il pi-eh-noh	encha o tanque
la benzina senza piombo [f]	lah behn-dzi-nah sehn-tsah pi-ohm-boh	combustível sem chumbo
la benzina super [f]	lah behn-dzi-nah su-pehr	combustível premium
controlli l'olio	kohn-trohl-li loh-li-oh	verifique o óleo

Navegando pelo Transporte Público

Se preferir não dirigir, é possível locomover-se confortavelmente usando táxis, trens e ônibus. Essa seção diz como fazer isso em italiano.

Chamando um táxi

A forma de chamar um táxi é a mesma na Itália e no Brasil. Usa-se até a mesma palavra: taxi (tah-ksi). Aqui estão duas frases para usar ao pedir auxílio para chamar um táxi:

Capítulo 9: Vou por Aí: Transportes

- ✔ **Può chiamarmi un taxi?** (pu-oh ki-ah-mahr-mi un tah-ksi) (Pode me chamar um táxi?)

- ✔ **Vorrei un taxi, per favore.** (vohr-rei un tah-ksi pehr fah-voh-reh) (Gostaria de um táxi, por favor).

Caso lhe perguntem per quando? (pehr ku-ahn-doh) (para quando?), você deverá estar preparado para responder. Aqui estão algumas possibilidades:

- ✔ **subito** (su-bi-toh) (imediatamente)

- ✔ **fra un'ora** (frah un-oh-rah) (em uma hora)

- ✔ **alle due del pomeriggio** (ahl-leh du-eh dehl poh-meh-ridj-djoh) (às duas da tarde)

- ✔ **domani mattina** (doh-mah-ni maht-ti-nah) (amanhã de manhã)

Após acomodar-se em um táxi, o motorista irá perguntar aonde você quer ir. Aqui estão alguns destinos em potencial:

- ✔ **Alla stazione, per favore** (ahl-lah stah-tsi-oh-neh pehr fah-voh-reh) (À estação, por favor)

- ✔ **All'aeroporto** (ahl-lah-eh-roh-pohr-toh) (Ao aeroporto)

- ✔ **A questo indirizzo: via Leopardi, numero 3.** (ah ku-ehs-toh in-di-rits-tsoh vi-ah leh-oh-pahr-di nu-meh-roh treh) (Para este endereço: rua Leopardi, número 3).

Finalmente, você terá de pagar. Basta perguntar ao motorista Quant'è? (ku-ahn-teh) (Quanto é?). Para mais informações sobre dinheiro, veja o Capítulo 3.

Movimentando-se por trem

Pode-se comprar uma passagem de trem alla stazione (ahl-lah stah-tsi-oh-neh) (na estação) ou em un'agenzia di viaggi (u-nah-djehn-tsi-ah di vi-ahdj-dji) (uma agência de viagens). Se quiser pegar um treno rapido (treh-noh rah-pi-doh) (trem expresso), paga-se um supplemento (sup-pleh-mehn-toh) (sobretaxa). Esses trens mais rápidos na Itália são chamados de Inter City (IC) – ou Euro City (EC), quando seu destino final é fora da Itália.

136 Guia de Conversação Italiano Para Leigos

A seguir, algumas palavras e frases que podem ajudá-lo a comprar a passagem correta:

- **treni diretti** (treh-ni di-reht-ti) (trens diretos)
- **un locale** (un loh-kah-leh) (trem regional)
- **in prima classe** (in pri-mah klahs-seh) (na primeira classe)
- **in seconda classe** (in seh-kohn-dah klahs-seh) (na segunda classe)
- **andata e ritorno** (ahn-dah-tah eh ri-tohr-noh) (ida e volta)
- **solo andata** (soh-loh ahn-dah-tah) (apenas ida)
- **Devo cambiare?** (deh-voh kahm-bi-ah-reh) (preciso trocar [de trem]?)
- **la coincidenza** (lah koh-in-tchi-dehn-tsah) (a conexão)
- **A che ora parte il prossimo treno?** (ah keh oh-rah pahr-teh il prohs-si-moh treh-noh) (a que horas sai o próximo trem?)
- **Un biglietto per Perugia, per favore.** (un bi-lheht-toh pehr peh-ru-djah pehr fah-voh-reh) (uma passagem para Perúgia, por favor.)
- **il binario** (il bi-nah-ri-oh) (a plataforma)
- **Da che binario parte?** (dah keh bi-nah-ri-oh pahr-teh) (de que plataforma sai?)
- **Dal tre.** (dahl treh) (da [plataforma] três)

Indo de ônibus ou de bonde

Para ir do ponto A ao ponto B sem um carro, pode-se pegar um ônibus ou um bonde. Esta seção fornece o vocabulário adequado em italiano para tais situações.

Algumas cidades italianas têm bondes e a maioria tem ônibus. Em italiano, eles são chamados de il tram (il trahm). A palavra italiana para ônibus é l'autobus (lah-u-to-bus). Micro-ônibus são chamados de il pullmino (il pul-mi-noh) e os ônibus grandes que fazem viagens intermunicipais são chamados de il pullman (il pul-mahn) ou la corriera (lah kohr-ri-eh-rah).

Capítulo 9: Vou por Aí: Transportes 137

Podem-se comprar passagens de ônibus e de bonde nos bares, dal giornalaio (dahl djohr-nah-lah-i-oh) (na banca de jornal) ou dal tabaccaio (dahl tah-bahk-kah-i-oh) (tabacaria).

As tabacarias italianas são pequenas lojas que vendem cigarros, selos, jornais, e daí por diante. Elas são encontradas em praticamente todas as esquinas da Itália; são identificadas por um símbolo em preto e branco ou em azul e branco com um T grande.

Ler um horário pode ser difícil para os viajantes, porque eles costumam estar escritos apenas em italiano. Frequentemente, encontram-se as seguintes palavras nos horários:

- **l'orario** (loh-rah-ri-oh) (horário)
- **partenze** (pahr-tehn-tseh) (partidas)
- **arrivi** (ahr-ri-vi) (chegadas)
- **giorni feriali** (djohr-ni feh-ri-ah-li) (dias úteis)
- **giorni festivi** (djohr-ni fehs-ti-vi) (domingos e feriados)
- **il binario** (il bi-nah-ri-oh) (a plataforma)

Palavras para Saber

Scusi, che autobus va...?	sku-zi keh ah-u-toh-bus vah	Com licença, qual ônibus vai...?
metropolitana [f]	meh-troh-poh-li-tah-nah	metrô
fermata della metropolitana [f]	fehr-mah-tah dehl-lah meh-troh-poh-li-tah-nah	estação de metrô
la prossima fermata [f]	lah prohs-si-mah fehr-mah-tah	próxima estação/ próximo ponto

Pedindo Informações sobre Direções

Você já se perdeu em uma cidade ou país estrangeiro? Se sim, sabe que é útil conhecer o suficiente da língua local para pedir informação sobre direções. Conhecer a língua também permite compreender a resposta. Nesta seção, damos algumas dicas úteis de conversas para facilitar que se encontre o caminho.

Perguntando sobre locais específicos

Ao pedir informações, sempre é educado iniciar a pergunta com uma das seguintes expressões:

- **Mi scusi.** (mi sku-zi) (Com licença)
- **Scusi.** (sku-zi) (Com licença)
- **Per favore.** (pehr fah-voh-reh) (Por favor)

Então, você poderá prosseguir com suas perguntas, mais ou menos como segue:

- **Dov'è il Colosseo?** (doh-veh il koh-lohs-seh-oh) (Onde fica o Coliseu?)
- **Questa è via Garibaldi?** (ku-ehs-tah eh vi-ah gah-ri-bahl-di) (Esta é a rua Garibaldi?)
- **Come si arriva alla stazione?** (koh-meh si ahr-ri-vah ahl-lah stah-tsi-oh-neh) (Como se chega a estação?)
- **Può indicarmi la strada per il centro?** (pu-oh in-di-kahr-mi lah strah-dah pehr il tchehn-troh) (Pode me indicar o caminho para o centro?)
- **Dove siamo adesso?** (doh-veh si-ah-moh ah-dehs-soh) (Onde estamos agora?)
- **Mi sono perso. Dov'è il duomo?** (mi soh-noh pehr-soh doh-veh il du-oh-moh) (Perdi-me. Onde fica a catedral?)

Capítulo 9: Vou por Aí: Transportes 139

Aqui estão algumas respostas possíveis para essas perguntas:

- **Segua la strada principale fino al centro.** (seh-gu-ah lah strah-dah prin-tchi-pah-leh fi-noh ahl tchehn-troh) (Siga a rua principal até o centro).
- **Vada sempre dritto.** (vah-dah sehm-preh drit-toh) (Vá sempre em frente).
- **Dopo il semaforo giri a destra.** (doh-poh il seh-mah-foh-roh dji-ri ah dehs-trah) (Após o semáforo, vire à direita).
- **È in fondo a sinistra.** (eh in fohn-doh ah si-nis-trah) (Fica no fim, à esquerda).
- **È vicino alla posta.** (eh vi-tchi-noh ahl-lah pohs-tah) (É próximo ao correio).
- **Attraversi il ponte, poi c'è uma piazza e lì lo vede.** (aht-trah-vehr-si il pohn-teh poh-i tcheh u-nah pi-ahts-tsah eh li loh veh-deh) (Atravesse a ponte, depois tem uma praça e você o verá ali).

Orientar-se

Quatro orientações são os pontos cardeais da bússola:

- **nord** (nohrd) (norte)
- **est** (ehst) (leste)
- **sud** (sud) (sul)
- **ovest** (oh-vehst) (oeste)

Você pode ouvir as direções usadas em sentenças como a sequencia:

- **Trieste è a nord-est.** (tri-ehs-teh eh ah nohrd-ehst) (Trieste fica no Nordeste).
- **Napoli è a sud.** (nah-poh-li eh ah sud) (Nápoles fica ao sul).
- **Roma è a ovest.** (roh-mah eh ah oh-vehst) (Roma fica a oeste).
- **Bari è a sud-est.** (bah-ri eh ah sud-ehst) (Bari fica no sudeste).

Você precisa saber como se orientar em relação a pessoas e edifícios ao seguir ou dar direções. Seguem alguns termos úteis que descrevem relacionamentos espaciais:

- **davanti a** (dah-vahn-ti ah) (em frente à)
- **di fronte a** (di frohn-teh ah) (em frente à)
- **dietro** a (di-eh-troh ah) (atrás de)
- **vicino** a (vi-tchi-noh ah) (próximo; ao lado de)
- **dentro** (dehn-troh) (dentro)
- **fuori** (fu-oh-ri) (fora)
- **sotto** (soht-toh) (sob)
- **sopra** (soh-prah) (sobre)

Também é preciso conhecer relacionamentos entre distância e la direzione (lah di-reh-tsi-oh-neh) (a direção):

- **dritto** (drit-toh) (reto)
- **sempre dritto** (sehm-preh drit-toh) (adiante)
- **fino** a (fi-noh ah) (até)
- **prima** (pri-mah) (antes)
- **dopo** (doh-poh) (depois)
- **a destra** (ah dehs-trah) (à direita)
- **a sinistra** (ah si-nis-trah) (à esquerda)
- **dietro l'angolo** (di-eh-troh lahn-goh-loh) (dobrando a esquina)
- **all'angolo** (ahl-lahn-goh-loh) (na esquina)
- **all'incrocio** (ahl-lin-kroh-tchoh) (no cruzamento)

Aqui está mais vocabulário para informar e pedir informações sobre direções:

- **il marciapiede** (il mahr-tchah-pi-eh-deh) (calçada)
- **la piazza** (lah pi-ahts-tsah) (praça)
- **il ponte** (il pohn-teh) (ponte)
- **il sottopassaggio** (il soht-toh-pahs-sahdj-djoh) (passagem subterrânea)
- **la strada** (lah strah-dah) (estrada; rua)

Capítulo 9: Vou por Aí: Transportes **141**

- **la via** (lah vi-ah) (estrada; rua)
- **la via principale** (lah vi-ah prin-tchi-pah-leh) (rua principal)
- **il viale** (il vi-ah-leh) (avenida)
- **il vicolo** (il vi-koh-loh) (alameda)

La strada e la via são sinônimos, mas usa-se sempre via quando for especificado o nome:

- **È una strada molto lunga** (eh u-nah strah-dah mohl-toh lun-gah) (É uma rua muito comprida).
- **Abito in via Merulana** (ah-bi-toh in vi-ah meh-ru-lah-nah) (Moro na rua Merulana).

O que dizer quando não entender

Se você não entender as direções que alguém lhe der, será preciso pedir que essa pessoa as repita. Aqui estão algumas expressões úteis:

- **Come, scusi?** (koh-meh sku-zi) (Como, desculpe?)
- **Mi scusi, non ho capito.** (mi sku-zi nohn oh kah-pi-toh) (Desculpe, não entendi)
- **Può ripetere più lentamente, per favore?** (pu-oh ri-peh-teh-reh pi-u lehn-tah-mehn-teh pehr fah-voh-reh) (Pode repetir mais devagar, por favor?)

Quando alguém lhe faz um favor — explicando o caminho ou dando direções — você provavelmente agradecerá. Essa é a tarefa mais simples: Mille grazie! (mil-leh grah-tsi-eh) (Muito obrigado!)

Ao dar ou receber direções, é preciso conhecer os numeri ordinali (nu-meh-ri ohr-di-nah-li) (números ordinais). Veja o Capítulo 3.

Perguntando sobre distância

Você pode querer saber se está perto ou longe do seu destino. Aqui estão algumas perguntas e respostas típicas:

- **Quant'è lontano?** (ku-ahn-teh lohn-tah-noh) (Qual a distância?)

  Saranno cinque minuti. (sah-rahn-noh tchin-ku-eh mi-nu-ti) (São cinco minutos)

- **È molto lontano?** (eh mohl-toh lohn-tah-noh) (Fica muito longe?)

  Circa un chilometro (tchir-kah un ki-loh-meh-troh) (Cerca de um quilômetro)

- **No, un paio di minuti.** (noh un pah-ioh di mi-nu-ti) (Não, uns dois minutos)

- **Posso arrivarci a piedi?** (pohs-soh ahr-ri-vahr-tchi ah pi-eh-di) (Posso ir a pé?)

  Certo, è molto vicino. (tchehr-toh eh mohl-toh vi-tchi-noh) (Lógico, é bem perto)

  È un po' lontano. (eh un poh lohn-tah-noh) (É um pouco longe)

Verbos de movimento

Você precisa conhecer certos verbos ao tentar entender as direções. Estes são alguns dos verbos que serão úteis para encontrar seu caminho:

- **andare** (ahn-dah-reh) (ir)
- **girare** a destra/a sinistra (dji-rah-reh ah dehs-trah/ah si-nis-trah) (virar à direita/à esquerda)
- **prendere** (prehn-deh-reh) (pegar)
- **proseguire** (proh-seh-gu-i-reh) (prosseguir)
- **seguire** (seh-gu-i-reh) (seguir)
- **tornare/indietro** (tohr-nah-reh/in-di-eh-troh) (voltar)

Capítulo 9: Vou por Aí: Transportes 143

Os imperativos são formas verbais úteis em diversas situações, inclusive quando se tenta circular em território não familiar. A Tabela 9-2 lista o modo verbal informal seguido do formal. Verifique o Capítulo 2 para lhe ajudar a decidir quando usar o modo formal ou o informal.

Tabela 9-2	Verbos no Imperativo	
Informal/Formal	*Pronúncia*	*Tradução*
Va/Vada!	vah/vah-dah	Vá/Vai!
Gira/Giri!	dji-rah/dji-ri	Vire/ Vira!
Prendi/Prenda!	prehn-di/prehn-dah	Pegue/Pega!
Prosegui/Prosegua!	proh-seh-gu-i/proh-seh-gu-ah	Prossiga/Prossegue!
Segui/Segua!	seh-gu-i/seh-gu-ah	Siga/Segue!
Torna/Torni!	tohr-nah/tohr-ni	Volte/Volta!
Attraversa/Attraversi!	aht-trah-vehr-sah/aht-trah-vehr-si	Atravesse/Atravessa!

Note que as terminações destes verbos variam, aparentemente sem padrão consistente. Não se tratam de erros de digitação – as variações são determinadas pela terminação do verbo no infinitivo, –are, –ere ou –ire (ver Capítulo 2). Você pode acreditar na gente e memorizar esses verbos.

Não há dúvida de que o verbo usado com maior frequência, ao dar e receber instruções, é andare (ahn-dah-reh) (ir), que conjugamos para você na Tabela 9-3.

Tabela 9-3	Conjugação do Verbo Andare	
Italiano	*Pronúncia*	*Tradução*
io vado	i-oh vah-doh	eu vou
tu vai	tu vah-i	você vai (informal)
Lei va	lei vah	você vai (formal)

lui/lei va	lu-i/lei vah	ele/ela vai
noi andiamo	noh-i ahn-di-ah-moh	nós vamos
Voi/voi andate	voh-i ahn-dah-teh	vocês vão (formal, informal)
loro vanno	loh-roh vahn-noh	eles vão

Localizações que você pode estar procurando

Ao procurar um lugar específico, estas sentenças podem ajudá-lo a fazer as perguntas certas.

- **Mi sa dire dov'è la stazione?** (mi sah di-reh doh-veh lah stah-tsi-oh-neh) (Sabe me dizer onde fica a estação?)

- **Devo andare all'aeroporto.** (deh-voh ahn-dah-reh ahl-lah-eh-roh-pohr-toh) (Preciso ir ao aeroporto).

- **Sto cercando il teatro Argentina.** (stoh tchehr-kahn-doh il teh-ah-troh ahr-djehn-ti-nah) (Estou procurando o teatro Argentina).

- **Dov'è il cinema Astoria, per favore?** (doh-veh il tchi-neh-mah ahs-toh-ri-ah pehr fah-voh-reh) (Onde fica o cinema Astoria, por favor?)

- **Come posso arrivare al Museo Romano?** (koh-meh pohs-soh ahr-ri-vah-reh ahl mu-zeh-oh roh-mah-noh) (Como posso chegar ao Museu Romano?)

- **La strada migliore per il centro, per favore?** (lah strah-dah mi-lhoh-reh pehr il tchehn-troh pehr fah-voh-reh) (O melhor caminho para o centro, por favor?)

- **Che chiesa è questa?** (keh ki-eh-zah eh ku-ehs-tah) (Que igreja é esta?)

- **Che autobus va all'ospedale?** (keh ah-u-to-bus vah ahl-lohs-peh-dah-leh) (Que ônibus vai para o hospital?)

Palavras para Saber

a destra	ah dehs-trah	à direita
a sinistra	ah si-nis-trah	à esquerda
stazione [f]	stah-dzi-oh-neh	estação
aeroporto [m]	ah-eh-roh-pohr-toh	aeroporto
teatro [m]	teh-ah-troh	teatro
cinema [m]	tchi-neh-mah	cinema
duomo [m]	du-oh-moh	catedral
chiesa [f]	ki-eh-zah	igreja
ponte [m]	pohn-teh	ponte
piazza [f]	pi-ahts-tsah	praça
centro [m]	tchehn-troh	centro
ospedale [m]	ohs-peh-dah-leh	hospital
posta [f]	pohs-tah	correio

Capítulo 10

Procurando um Lugar para Esfriar a Cabeça

Neste Capítulo
- Reserva de quarto
- Chegada no hotel
- Uso dos pronomes possessivos relativos

Se não tiver a sorte de ter amigos que possam hospedá-lo, quando viajar, será preciso encontrar um hotel. Este capítulo mostra como se fazer entender ao pedir um quarto ou durante o check-in. Além disso, damos um curso intensivo sobre formação de plurais e uso dos pronomes possessivos.

Reserva de Quartos

Ao reservar um quarto em um hotel, usará muitos dos mesmos termos usados para reservar uma mesa em um restaurante (veja Capítulo 5). Substitua la camera (lah kah-meh-rah) ou la stanza (lah stahn-tsah), que significam ambas "o quarto", por il tavolo (il tah-voh-loh) (a mesa).

As pequenas diferenças entre os termos de hotelaria em italiano e em português podem causar grandes problemas, se o uso de um termo incorreto fizer com que você não consiga o que deseja. Então vamos dedicar algum tempo para explicar como pedir o tipo de quarto desejado em italiano:

- **La camera singola** (lah kah-meh-rah sin-goh-lah) é um quarto com uma cama.
- **La camera doppia** (lah kah-meh-rah dohp-pi-ah) é um quarto com duas camas.
- **La camera matrimoniale** (lah kah-meh-rah mah-tri-moh-ni-ah-leh) tem uma cama grande para duas pessoas.

Na Itália, além de escolher seu quarto, é preciso escolher também as refeições desejadas. Pode escolher entre

- **La mezza pensione** (lah mehd-dzah pehn-si-oh-neh), que inclui café-da-manhã e uma refeição quente (jantar, na maioria dos casos)
- **La pensione completa** (lah pehn-si-oh-neh kohm-pleh-tah), que fornece café-da-manhã, almoço e jantar.

Não precisamos dizer que é importante fazer as reservas com antecedência - particularmente para a alta stagione (ahl-tah stah-djoh-neh) (alta temporada). Na Itália, a alta temporada compreende os meses de verão e as semanas próximas à Páscoa. Se você não tiver reservado um quarto e precisar solicitar um ao chegar ao hotel, poderá precisar fazer concessões.

Ao fazer reservas, poderá ter algumas dúvidas sobre os quartos disponíveis e as acomodações do hotel. Você provavelmente encontrará e usará algumas destas sentenças e frases comuns:

- **Avete stanze libere?** (ah-veh-teh stahn-tseh li-beh-reh) (Vocês têm quartos disponíveis?)
- **La stanza è con bagno?** (lah stahn-tsah eh kohn bah-nhoh) (O quarto tem banheiro?)
- **Posso avere una stanza con doccia?** (pohs-soh ah-veh-reh u-nah stahn-tsah kohn dohtch-tchah) (Posso ficar em um quarto com ducha?)
- **Non avete stanze con la vasca?** (nohn ah-veh-teh stahn-tseh kohn lah vahs-kah) (Vocês não têm quartos com banheira?)
- **Avete una doppia al primo piano?** (ah-veh-teh u-nah dohp-pi-ah ahl pri-moh pi-ah-noh) (Vocês têm um quarto duplo no primeiro andar?)

Capítulo 10: Procurando um Lugar para Esfriar a Cabeça   149

- **La colazione è compresa?** (lah koh-lah-tsi-oh-neh eh kohm-preh-zah) (O café-da-manhã está incluso?)
- **Può darmi una camera con aria condizionata e televisione?** (pu-oh dahr-mi u-nah kah-meh-rah kohn ah-ri-ah kohn-di-tsi-oh-nah-tah eh teh-leh-vi-zi-oh-neh) (Pode me dar um quarto com ar condicionado e televisão?)
- **C'è il telefono nella mia stanza?** (tcheh il teh-leh-foh-noh nehl-lah mi-ah stahn-tsah) (Tem telefone no meu quarto?)

O recepcionista poderá dizer algo assim:

- **È una stanza tranquillissima e dà sul giardino** (eh u-nah stahn-tsah trahn-ku-i-lis-si-mah eh dah sul djahr-di-noh) (É um quarto muito tranquilo e dá para o jardim)
- **La doppia viene centotrenta euro a notte.** (lah dohp-pi-ah vi-eh-neh tchehn-toh-trehn-tah eh-u-roh ah noht-teh) (A dupla sai por 130 euros por noite)

Palavras para Saber

prenotazione [f]	preh-noh-tah-tsi-oh-neh	reserva
camera [f]	kah-meh-rah	quarto
stanza [f]	stahn-tsah	quarto
il soggiorno [m]	il sohdj-djohr-noh	a estadia
aria condizionata [f]	ah-ri-ah kohn-di-tsi-oh-nah-tah	ar condicionado
colazione [f]	koh-lah-tsi-oh-neh	café-da-manhã
letto supplementare [m]	leht-toh sup-pleh-mehn-tah-reh	cama extra
per due notti	pehr du-eh noht-ti	por duas noites

Fazendo Check-in e se Acomodando

Uma das primeiras coisas que se faz durante o check-in em um hotel é ocupar-se de sua bagagem. O recepcionista pode perguntar Dove sono i Suoi bagagli? (doh-veh soh-noh i su-oh-i bah-gah-lhi) (Onde está sua bagagem?).

Em resposta, você pode pedir Può far portare le mie borse in camera, per favore? (pu-oh fahr pohr-tah-reh leh mi-eh bohr-seh in kah-meh-rah pehr fah-voh-reh) (Pode mandar levar minhas malas para o quarto, por favor?).

A Tabela 10-1 lista as conjugações de alguns verbos úteis durante uma estadia em hotel – portare (pohr-tah-reh) (trazer) e dare (dah-reh) (dar).

Tabela 10-1	Conjugação dos Verbos Portare e Dare	
Italiano	*Pronúncia*	*Tradução*
portare	pohr-tah-reh	trazer
io porto	i-oh pohr-toh	eu trago
tu porti	tu pohr-ti	você traz (informal)
Lei porta	lei pohr-tah	você traz (formal)
lui/lei porta	lu-i/lei pohr-tah	ele/ela traz
noi portiamo	noh-i pohr-ti-ah-moh	nós trazemos
Voi/voi portate	voh-i pohr-tah-teh	vocês trazem (formal, informal)
loro portano	loh-roh pohr-tah-noh	eles trazem
dare	dah-reh	dar
io do	i-oh doh	eu dou
tu dai	tu dah-i	você dá (informal)
Lei dà	lei dah	você dá (formal)
lui/lei dà	lu-i/lei dah	ele/ela dá
noi diamo	noh-i di-ah-moh	nós damos
Voi/voi date	voh-i dah-teh	vocês dão (formal, informal)
loro danno	loh-roh dahn-noh	eles dão

Capítulo 10: Procurando um Lugar para Esfriar a Cabeça

Depois que começar a desfazer as malas, talvez descubra que se esqueceu de trazer algo necessário. Ou pode precisar de algumas comodidades especiais, como una cassaforte (u-nah kahs-sah-fohr-teh) (um cofre) para seus objetos de valor, ou un frigorifero (un fri-goh-ri-feh-roh) (uma geladeira). Nestes casos, provavelmente pedirá à recepção ou à camareira aquilo de que precisar. As próximas frases podem ajudar:

- **Non trovo l'asciugacapelli.** (nohn troh-voh lah-chu-gah-kah-pehl-li) (Não consigo encontrar [Literalmente: não encontro] o secador de cabelo).

- **Gli asciugamani devono essere cambiati e manca la carta igenica.** (lhi ah-chu-gah-mah-ni deh-voh-noh ehs-seh-reh kahm-bi-ah-ti eh mahn-kah lah kahr-tah i-djeh-ni-kah) (As toalhas precisam ser trocadas e falta papel higiênico).

- **Potrei avere un'altra saponeta?** (poh-trei ah-veh-reh u-nahl-trah sah-poh-neh-tah) (Posso pegar outro sabonete?)

Se você quiser mais alguma coisa, note que se escreve a forma feminina un'altra (u-nahl-trah), diferente da masculina un altro (un ahl-troh). Palavras no feminino iniciadas com vogal requerem apóstrofe após o artigo; palavras masculinas iniciadas com vogal não.

- **Ho finito lo shampoo.** (oh fi-ni-toh loh shahm-poh) (O xampu acabou)

- **Vorrei un'altra coperta e due cuscini, per favore** (vohr-rei u-nahl-trah koh-pehr-tah eh du-eh ku-shi-ni pehr fah-voh-reh) (Gostaria de mais um cobertor e de dois travesseiros, por favor)

- **Vorrei la sveglia domattina.** (vohr-rei lah sveh-lhah doh-maht-ti-nah) (Gostaria do serviço de despertador amanhã de manhã)

A Tabela 10-2 contém algumas palavras adicionais que lhe podem ser úteis durante uma estadia em hotel.

Tabela 10-2 Vocabulário Útil para Hotel

Italiano	Pronúncia	Tradução
asciugacapelli [m]	ah-shu-gah-kah-pehl-li	secador de cabelo
chiave [f]	ki-ah-veh	chave
fazzolettino di carta [m]	fahts-tsoh-leht-ti-noh di kahr-tah	lenço de papel
lettino [m]	leht-ti-noh	cama de armar
negozio di regali [m]	neh-goh-dzi-oh di reh-gah-li	loja de artigos para presente
portacenere [m]	pohr-tah-tcheh-neh-reh	cinzeiro
piscina [f]	pi-shi-nah	piscina
servizio in camera [m]	sehr-vi-dzi-oh in kah-meh-rah	serviço de quarto
servizio sveglia [m]	sehr-vi-dzi-oh sveh-lhah	serviço de despertador

Palavras para Saber

avete	ah-veh-teh	vocês têm
dov'è	doh-veh	onde fica
dove sono	doh-veh soh-noh	onde ficam
Può ripetere, per favore?	pu-oh ri-peh-teh-reh pehr fah-voh-reh	Pode repetir, por favor?
saldare il conto	sahl-dah-reh il kohn-toh	fazer o check-out

Capítulo 10: Procurando um Lugar para Esfriar a Cabeça

Uso de Plurais e Pronomes

A gramática detalhada mais profundamente pode ajudar a compreender melhor o italiano. Nesta seção, esperamos melhorar seu conhecimento sobre plurais e pronomes italianos.

Fazendo mais em italiano

Você pode ter notado que a forma plural em italiano não é tão simples quanto em português. Em português, costuma-se acrescentar um s no fim de uma palavra para transformá-la em plural. Em italiano, a formação do plural depende do gênero da palavra e, até onde se refere aos artigos, das primeiras letras da palavra (veja mais sobre os gêneros das palavras, no Capítulo 2).

Os substantivos em italiano são masculinos ou femininos. É usado um artigo diferente com cada gênero:

- Os artigos masculinos **il** (il) e **lo** (loh) acompanham substantivos masculinos, sendo que a maioria deles termina em o.

- O artigo feminino **la** (lah) acompanha substantivos femininos, sendo que a maioria deles termina em a.

Substantivos masculinos que começam com uma vogal, tais como l'amico (lah-mi-koh) (o amigo) ou alguma das próximas consoantes levam o artigo lo (loh):

- **z**, como em **lo zio** (loh dzi-oh) (o tio)
- **gn**, como em **lo gnomo** (loh nhoh-moh) (o gnomo)
- **y**, como em **lo yogurt** (loh ioh-gurt) (o iogurte)
- **s** seguido por outra consoante (sb, sc, sd e daí por diante), como em lo studente (loh stu-dehn-teh) (o estudante)

Quando a palavra começa com uma vogal, lo é abreviado como l', como em l'amico. O mesmo acontece com substantivos femininos iniciados por vogal: la é reduzido para l'. O artigo feminino não tem equivalente para o masculino lo. No plural, lo e l' (para substantivos masculinos) se tornam gli (lhi).

154 Guia de Conversação Italiano Para Leigos

Após entender estas regras, a formação do plural se torna fácil:

- Para um substantivo feminino, como la cameriera (lah kah-meh-ri-eh-rah) (a camareira) ou l'entrata (lehn-trah-tah) (entrada), troque o a final (no artigo e na palavra) por um e, de forma que la cameriera se torne le cameriere e l'entrata se torne le entrate.

- Para um substantivo masculino, como il bagno (il bah-nhoh) (o banheiro), o artigo no plural se torna i (i) e o mesmo acontece com o o final da palavra. Então il bagno se torna i bagni (i bah-nhi).

- Com algumas exceções, para transformar em plural os substantivos terminados em e – por exemplo, la chiave (lah ki-ah-veh) (a chave) e il cameriere (il kah-meh-ri-eh-reh) (o garçom) – troca-se o e por i, e o artigo se modifica de acordo com o gênero – por exemplo, le chiavi (leh ki-ah-vi) (as chaves) e i camerieri (i kah-meh-ri-eh-ri) (os garçons). Os artigos masculinos lo e l' se transformam em gli (lhi) e o feminino l' se torna le (leh).

A Tabela 10-3 mostra o plural de várias palavras relacionadas à hotelaria.

Tabela 10-3		Formação de Plurais
Italiano	*Pronúncia*	*Tradução*
la cameriera [f]	lah kah-meh-ri-eh-rah	a camareira
le cameriere [f]	leh kah-meh-ri-eh-reh	as camareiras
il bagno [m]	il bah-nhoh	o banheiro
i bagni [m]	i bah-nhi	os banheiros
la chiave [f]	lah ki-ah-veh	a chave
le chiavi [f]	leh ki-ah-vi	as chaves
il cameriere [m]	il kah-meh-ri-eh-reh	o garçom
i camerieri [m]	i kah-meh-ri-eh-ri	os garçons
lo specchio [m]	loh spehk-ki-oh	o espelho

(continua)

Capítulo 10: Procurando um Lugar para Esfriar a Cabeça 155

gli specchi [m]	lhi spehk-ki	os espelhos
l'albergo [m]	lahl-behr-goh	o hotel
gli alberghi [m]	lhi ahl-behr-gi	os hotéis
la stanza [f]	lah stahn-tsah	o quarto
le stanze [f]	leh stahn-tseh	os quartos
la camera [f]	lah kah-meh-rah	o quarto
le camere [f]	leh kah-meh-reh	os quartos
la persona [f]	lah pehr-soh-nah	a pessoa
le persone [f]	leh pehr-soh-neh	as pessoas
il letto [m]	il leht-toh	a cama
i letti [m]	i leht-ti	as camas
la notte [f]	lah noht-teh	a noite
le notti [f]	leh noht-ti	as noites
l'entrata [f]	lehn-trah-tah	a entrada
le entrate [f]	leh ehn-trah-teh	as entradas

Personalização dos pronomes

Como sabe, pronome é uma palavra usada no lugar de um substantivo, como eu. Às vezes, é usado um pronome que não apenas substitui um substantivo, mas que também indica a quem ele pertence. Por exemplo, ao dizer "Minha bolsa é vermelha e a tua é preta", o pronome possessivo tua representa bolsa e indica a quem ela pertence.

Em português, usamos os pronomes este, esta e estes, estas (chamados de pronomes demonstrativos) para indicar do que se está falando. Pode-se usar este/a ou estes/as com qualquer pronome, desde que o número esteja expresso corretamente: este livro, estas meninas, e daí por diante. Em italiano, no entanto, a palavra usada depende tanto do número quanto do gênero, por que há artigos masculinos e femininos. Considere estes exemplos:

✔ **Questa è la Sua valigia?** (ku-ehs-tah eh lah su-ah vah-li-djah) (Esta é a sua mala?)

- ✔ **No, le mie sono queste.** (noh leh mi-eh soh-noh ku-ehs-teh) (Não, as minhas são estas.)

Aqui, você vê a versão feminina para singular e plural (questa e queste, respectivamente). Os próximos exemplos mostram a versão masculina no singular e no plural (questo e questi):

- ✔ **Signore, questo messaggio è per Lei.** (si-nhoh-reh ku-ehs-toh mehs-sahdj-djoh eh pehr lei) (Este recado é para o senhor.)

- ✔ **Questi prezzi sono eccessivi!** (ku-ehs-ti preht-tsi soh-noh ehtch-tchehs-si-vi) (Estes preços são excessivos!)

Pronomes possessivos como meu, teu, dele indicam a posse de algo (do substantivo). Em italiano, o pronome possessivo varia de acordo com o gênero do item a que se refere. O pronome possessivo deve concordar em número e gênero com a coisa ou a pessoa possuída. Assim como em português, em italiano quase sempre o artigo vem na frente do determinante possessivo.

Quando se quer mostrar que algo pertence a você e que esse algo é um substantivo feminino, o possessivo mia termina em a assim como em la mia valigia (lah mi-ah vah-li-djah) (minha mala). Ao se referir a uma palavra no masculino, o possessivo terminará em o, como em il mio letto (il mi-oh leht-toh) (minha cama).

Então, estes pronomes recebem sua forma a partir do possuidor – il mio (il mi-oh) (o meu), il tuo (il tu-oh) (o teu), e daí por diante – e seu número e gênero a partir da coisa possuída. Por exemplo, em è la mia chiave (eh lah mi-ah ki-ah-veh) (é a minha chave), la chiave é singular e feminino e é, portanto, substituída pelo pronome possessivo mia. A Tabela 10-4 lista os pronomes possessivos e seus artigos.

Capítulo 10: Procurando um Lugar para Esfriar a Cabeça

Tabela 10-4		Pronomes Possessivos		
Pronome Possessivo	**Singular Masculino**	**Singular Feminino**	**Plural Masculino**	**Plural Feminino**
meu/minha	il mio	la mia	i miei	le mie
teu/tua (informal)	il tuo	la tua	i tuoi	le tue
teu (formal)	il suo	la sua	i suoi	le sue
dele/dela	il suo	la sua	i suoi	le sue
nosso/nossa	il nostro	la nostra	i nostri	le nostre
de vocês (formal e informal)	il vostro	la vostra	i vostri	le vostre
deles/delas	il loro	la loro	i loro	le loro

A seguir, alguns exemplos práticos usando pronomes possessivos:

- **È grande la vostra stanza?** (eh grahn-deh lah vohs-trah stahn-tsah) (É grande o quarto de vocês? [informal])
- **Dov'è il tuo albergo?** (doh-veh il tu-oh ahl-behr-goh) (Onde fica o teu hotel?)
- **Ecco i Vostri documenti.** (ehk-koh i vohs-tri doh-ku-mehn-ti) (Aqui estão os documentos de vocês [formal])
- **Questa è la sua chiave.** (ku-ehs-tah eh lah su-ah ki-ah-veh) (Esta é a sua chave) (formal) e também (Esta é a chave dele/dela).
- **La mia camera è molto tranquilla.** (lah mi-ah kah-meh-rah eh mohl-toh trahn-ku-il-lah) (Meu quarto é muito tranquilo)
- **Anche la nostra. E la tua?** (ahn-keh lah nohs-trah eh lah tu-ah) (O nosso também. E o teu?)

Palavras para Saber

bagaglio [m]	bah-gah-lhoh	bagagem
borsa [f]	bohr-sah	sacola/bolsa
cameriera [f]	kah-meh-ri-eh-rah	camareira
garage [m]	gah-rahdj	garagem
messaggio [m]	mehs-sahdj-djoh	recado/mensagem
portiere [m]	pohr-ti-eh-reh	porteiro
valigia [f]	vah-li-djah	mala

Capítulo 11

Lidando com Emergências

Neste Capítulo
- Pedindo ajuda
- Lidando com problemas com o automóvel
- Descrevendo o que lhe aflige
- Proteção de seus direitos jurídicos

Pedir ajuda nunca é divertido, mas se estiver numa fria, será preciso saber comunicar o necessário. Caso se encontre enfrentando problemas com o automóvel, doenças ou problemas jurídicos, damos as palavras e as frases necessárias para comunicar suas aflições a quem possa lhe ajudar.

A Tabela 11-1 dá uma amostra geral das coisas que podem ser ditas quando é preciso ajuda.

Tabela 11-1	Pedindo Ajuda	
Italiano	*Pronúncia*	*Tradução*
Aiuto!	ah-iu-toh	Socorro!
Mi aiuti, per favore.	mi ah-iu-ti pehr fah-voh-reh	Ajude-me, por favor.
Chiamate la polizia!	ki-ah-mah-teh lah poh-li-tsi-ah	Chamem a polícia!
Ho bisogno di un medico.	oh bi-zoh-nhoh di un meh-di-koh	Preciso de um médico.
Chiamate un'ambulanza!	ki-ah-mah-teh u-nahm-bu-lahn-tsah	Chamem uma ambulância!

160 Guia de Conversação Italiano Para Leigos

Como deve ter notado, as sentenças estão conjugadas no plural, direcionadas a um grupo de pessoas (veja o Capítulo 2, para mais informações sobre conjugação de verbos em italiano). Em uma situação de emergência, deve-se dirigir a qualquer um que possa estar ouvindo.

Em algumas situações, deve-se procurar uma autoridade competente que fale a língua na qual você é fluente. Faça isso dizendo:

- **Mi scusi, parla inglese? / spagnolo? / portoghese?** (mi sku-zi pahr-lah in-gleh-zeh spah-nhoh-loh pohr-toh-geh-zeh) (Com licença, fala inglês / espanhol / português?)

- **C'è un medico che parli inglese? / spagnolo? / portoghese?** (tcheh un meh-di-koh keh pahr-li in-gleh-zeh spah-nhoh-loh pohr-toh-geh-zeh) (Tem um médico que fale inglês / espanhol / português?)

- **Dove posso trovare un avvocato che parli inglese? / spagnolo? / portoghese?** (doh-veh pohs-soh troh-vah-reh un ahv-voh-kah-toh keh pahr-li in-gleh-zeh spah-nhoh-loh pohr-toh-geh-zeh) (Onde encontro um advogado que fale inglês / espanhol / português?)

Se não conseguir encontrar um profissional que fale um idioma no qual você seja fluente, talvez procure por un interprete (un in-tehr-preh-teh) (um intérprete) que possa ajudá-lo.

Lidando com Problemas com o Automóvel

Se tiver problemas com o carro, será preciso chamar um mecânico que possa ajudá-lo a sair da encrenca. A Tabela 11-2 lista algum vocabulário que pode ser usado para explicar seu problema.

Tabela 11-2	Chamando um Mecânico	
Italiano	*Pronúncia*	*Tradução*
aiuto [m]	ah-iu-toh	socorro
fermare	fehr-mah-reh	parar

(continua)

Capítulo 11: Lidando com Emergências

Mi si è fermata la macchina [f]	mi si eh fehr-mah-tah lah mahk-ki-nah	Meu carro parou
il più presto possibile	il pi-u prehs-toh pohs-si-bi-leh	o mais rápido possível
soccorso stradale [m]	sohk-kohr-soh strah-dah-leh	resgate rodoviário
traffico [m]	trahf-fi-koh	tráfego
meccanico [m]	mehk-kah-ni-koh	mecânico
carro attrezzi [m]	kahr-roh aht-treht-si	guincho

Se houver um acidente de trânsito, será preciso encontrar ajuda imediatamente. A Tabela 11-3 lista algumas das palavras usadas nesta situação.

Tabela 11-3   Pedindo Ajuda depois de um Acidente

Italiano	*Pronúncia*	*Tradução*
C'è un incidente.	tcheh un in-tchi-dehn-teh	Houve um acidente.
C'è un ferito.	tcheh un feh-ri-toh	Há um ferido.
ambulanza [f]	ahm-bu-lahn-tsah	ambulância
Fate presto, è urgente!	fah-teh prehs-toh eh ur-djehn-teh	Apressem-se, é urgente!

Palavras para Saber

macchina [f]	mahk-ki-nah	carro
incidente stradale [m]	in-tchi-dehn-teh strah-dah-leh	acidente de trânsito
denunciare	deh-nun-tchah-reh	denunciar

(continua)

danno [m]	dahn-noh	prejuízo, dano
ferita [f]	feh-ri-tah	ferida
assicurazione [f]	ahs-si-ku-rah-tsi-oh-neh	seguro

Falando com Médicos

Se precisar dizer a alguém que não está se sentindo bem, poderá sempre dizer mi sento male (mi sehn-toh mah-leh) (sinto-me mal), que deriva da combinação de verbo e adjetivo sentirsi male (sehn-tir-si mah-leh) (sentir-se mal). A Tabela 11-4 dá a conjugação completa.

Tabela 11-4	Conjugação do Verbo Sentirsi (Male)	
Italiano	*Pronúncia*	*Tradução*
mi sento [male]	mi sehn-toh mah-leh	eu me sinto (mal)
ti senti [male]	ti sehn-ti mah-leh	você se sente (mal) (informal)
Si sente [male]	si sehn-teh mah-leh	você se sente (mal) (formal)
si sente [male]	si sehn-te mah-leh	ele/ela se sente (mal)
ci sentiamo [male]	tchi sehn-ti-ah-moh mah-leh	nós nos sentimos (mal)
Vi/vi sentite [male]	vi sehn-ti-te mah-leh	vocês se sentem (mal) (formal, informal)
si sentono [male]	si sehn-toh-noh mah-leh	eles se sentem (mal)

Quando estiver em l'ospedale (lohs-peh-dah-leh) (o hospital) ou em il medico (il meh-di-koh) (o médico), você deverá ser mais exato. Poderá escolher uma entre duas expressões para descrever o que lhe aflige:

Capítulo 11: Lidando com Emergências 163

- **fare male** (fah-reh mah-leh) (machucar, doer)
- **avere mal di** (ah-veh-reh mahl di) (ter, sentir dor de)

O segundo é a forma mais simples para expressar suas aflições, pois basta saber a forma ho (oh) (tenho) do verbo avere (ah-veh-reh) (ter). Basta acrescentar a parte do corpo que dói, assim:

Ho mal di testa (oh mahl di tehs-tah) (tenho dor de cabeça).

Fare male é um pouco mais complicado, porque o sujeito é a parte ou as partes que doem. Se sua cabeça dói, você pode dizer

Mi fa male la testa (mi fah mah-leh lah tehs-tah) (minha cabeça dói).

Se mais que uma parte estiver doendo, você deverá usar a forma plural:

Mi fanno male il collo e le spalle (mi fahn-noh mah-leh il kohl-loh eh leh spahl-leh) (meu pescoço e meus ombros doem).

Você deve ter percebido que fa male é precedido por mi (mi) (me). Essa palavra muda de acordo com o falante – a pessoa que sente dor. Um médico pode perguntar Cosa Le fa male? (koh-zah leh fah mah-leh) (O que lhe dói?). Le é o pronome pessoal do caso oblíquo tônico usado formalmente (veja mais sobre pronomes pessoais do caso oblíquo, no Capítulo 2).

A Tabela 11-5 dá as palavras italianas para várias partes do corpo.

Tabela 11-5   Partes Básicas do Corpo

Italiano	Pronúncia	Tradução
il braccio [m]	il brahtch-tchoh	o braço
il collo [m]	il kohl-loh	o pescoço
il corpo [m]	il kohr-poh	o corpo
il dito [m]	il di-toh	o dedo
la gamba [f]	lah gahm-bah	a perna

(continua)

il ginocchio [m]	il dji-nohk-ki-oh	o joelho
la mano [f]	lah mah-noh	a mão
l'orecchio [m]	loh-rehk-ki-oh	orelha
la pancia [f]	lah pahn-tchah	a barriga
il petto [m]	il peht-toh	o peito
il piede [m]	il pi-eh-deh	o pé
la spalla [f]	lah spahl-lah	o ombro
lo stomaco [m]	loh stoh-mah-koh	o estômago
la testa [f]	lah tehs-tah	a cabeça

As próximas frases podem ajudar a colocar essas partes do corpo e mais outras em contexto para o médico ou a enfermeira:

- **Mi sono rotto una gamba.** (mi soh-noh roht-toh u-nah gahm-bah) (Quebrei minha perna).
- **Ho la gola arrossata.** (oh lah goh-lah ahr-rohs-sah-tah) (Estou com a garganta inflamada).
- **Ho la pelle irritata.** (oh lah pehl-leh ir-ri-tah-tah) (Minha pele está irritada).
- **Mi sono storto il piede.** (mi soh-noh stohr-toh il pi-eh-deh) (Torci o pé).
- **Ho mal di schiena.** (oh mahl di ski-eh-nah) (Estou com dor nas costas).
- **Ho disturbi al cuore.** (oh dis-tur-bi ahl ku-oh-reh) (Tenho problemas de coração).
- **Il dentista mi ha tolto un dente.** (il dehn-tis-tah mi ah tohl-toh un dehn-teh) (O dentista arrancou um dente meu).
- **Mi fa male lo stomaco.** (mi fah mah-leh loh stoh-mah-koh) (Estou com dor no estômago).
- **Mi bruciano gli occhi.** (mi bru-tchah-noh lhi ohk-ki) (Meus olhos estão ardendo).
- **Mi sono slogata la spalla.** (mi soh-noh sloh-gah-tah lah spahl-lah) (Desloquei meu ombro).

Capítulo 11: Lidando com Emergências   165

- **Ho mal di testa.** (oh mahl di tehs-tah) (Estou com dor de cabeça)
- **Mi fa male tutto il corpo.** (mi fah mah-leh tut-toh il kohr-poh) (Estou com dor no corpo todo).

Quando se quer indicar a parte do corpo à direita ou à esquerda, deve-se saber o gênero da parte:

- Para uma parte masculina, diz-se **destro** (dehs-troh) (direito) ou **sinistro** (si-nis-troh) (esquerdo).
- Para uma parte feminina, modifica-se a terminação: **destra** (dehs-trah) (direita) ou **sinistra** (si-nis-trah) (esquerda).

No que se refere às partes do corpo, o italiano tem muitos plurais irregulares. A Tabela 11-2 lista alguns dos mais comuns.

Palavras para Saber

ospedale [m]	ohs-peh-dah-leh	hospital
medico [m]	meh-di-koh	médico
dentista [m]	dehn-tis-tah	dentista
raggi [m]	rahdj-dji	raios X
sinistra/o [f/m]	si-nis-trah/troh	esquerda/o
destra/o [f/m]	dehs-trah/troh	direita/o
gonfia/o [f/m]	gohn-fi-ah/oh	inchada/o
ricetta [f]	ri-tcheht-tah	receita
medicina [f]	meh-di-tchi-nah	medicina
farmacia [f]	fahr-mah-tchi-ah	farmácia

Fui Roubado! Saiba o Que Fazer e Dizer Quando a Polícia Chegar

Esperamos que nunca seja vítima de um roubo. Porém, se for, precisará estar preparado com certas frases importantes, quando a polícia chegar. Aqui estão as frases-chave:

- **Sono stata/o derubata/o.** (soh-noh stah-tah/toh deh-ru-bah-tah/toh) (Fui roubado/roubada).
- **C'è stato un furto nel mio appartamento.** (tcheh stah-toh un fur-toh nehl mi-oh ahp-pahr-tah-mehn-toh) (Houve um roubo em meu apartamento).
- **Sono entrati dei ladri in casa nostra.** (soh-noh ehn-trah-ti dei lah-dri in kah-zah nohs-trah) (Ladrões entraram em nossa casa).
- **Mi hanno rubato la macchina.** (mi ahn-noh ru-bah-toh lah mahk-ki-nah) (Roubaram meu carro).
- **Mi hanno scippata.** (mi ahn-noh chip-pah-tah) (Arrancaram minha bolsa).
- **Dov'è la questura?** (doh-veh lah ku-ehs-tu-rah) (Onde fica a delegacia de polícia?)

Quando é preciso denunciar um roubo, é necessário saber descrever algumas características físicas essenciais, como cor dos cabelos e altura. Sentenças descritivas podem ser formadas como segue:

La persona era... (lah pehr-soh-nah eh-rah) (A pessoa era...)

- **alta** (ahl-tah) (alta)
- **bassa** (bahs-sah) (baixa)
- **di media statura** (di meh-di-ah stah-tu-rah) (de estatura mediana)
- **grassa** (grahs-sah) (gorda)
- **magra** (mah-grah) (magra)

Nota: os adjetivos anteriores terminam em –a por que se referem ao substantivo la persona, que é ferminino.

Capítulo 11: Lidando com Emergências

I capelli erano... (i kah-pehl-li eh-rah-noh) (os cabelos eram...)

- **castani** (kahs-tah-ni) (castanhos)
- **biondi** (bi-ohn-di) (loiros)
- **neri** (neh-ri) (negros)
- **rossi** (rohs-si) (ruivos)
- **scuri** (sku-ri) (escuros)
- **chiari** (ki-ah-ri) (claros)
- **lisci** (li-chi) (lisos)
- **ondulati** (ohn-du-lah-ti) (ondulados)
- **ricci** (ri-tchi) (cacheados)
- **corti** (kohr-ti) (curtos)
- **lunghi** (lun-gi) (longos)

Aveva gli occhi... (ah-veh-vah lhi ohk-ki) (Tinha olhos...)

- **azzurri** (ahdz-dzur-ri) (azuis)
- **grigi** (gri-dji) (cinzentos)
- **marroni** (mahr-roh-ni) (castanhos)
- **verdi** (vehr-di) (verdes)
- **neri** (neh-ri) (negros)

Era... (eh-rah) (Era...)

- **calvo** (kahl-voh) (calvo)
- **rasato** (rah-zah-toh) (barbeado)

Aveva... (ah-veh-vah) (Tinha...)

- **la** barba (lah bahr-bah) (barba)
- **i** baffi (i bahf-fi) (bigode)

Quando um Advogado é Necessário

Muitos momentos desagradáveis na vida requerem a procura do auxílio de uma pessoa autorizada, como um advogado. Portanto, saber como contatar um advogado é bastante importante. Podem ser usadas as próximas perguntas e sentenças:

- **Mi serve l'aiuto di un avvocato.** (mi sehr-veh lah-iu-toh di un ahv-voh-kah-toh) (Preciso do auxílio de um advogado).

- **Ho bisogno di assistenza legale.** (oh bi-zoh-nhoh di ahs-sis-tehn-tsah leh-gah-leh) (Preciso de assistência jurídica).

- **Vorrei consultare il mio avvocato.** (vohr-rei kohn-sul-tah-reh il mi-oh ahv-voh-kah-toh) (Gostaria de consultar meu advogado).

- **Chiamate il mio avvocato, per favore.** (ki-ah-mah-teh il mi-oh ahv-voh-kah-toh pehr fah-voh-reh) (Liguem para meu advogado, por favor).

Depois de encontrar um advogado, pode conversar com ele a respeito de sua situação. A Tabela 11-7 lista alguns exemplos do que poderá ser preciso dizer.

Tabela 11-7	Explicando seus Problemas Jurídicos	
Italiano	*Pronúncia*	*Tradução*
Sono stato truffato.	soh-noh stah-toh truf-fah-toh	Fui vítima de um golpe.
Voglio denunciare un furto.	voh-lhoh deh-nun-tchah-reh un fur-toh	Quero denunciar um roubo.
Devo stipulare un contratto.	deh-voh sti-pu-lah-reh un kohn-trah-toh	Preciso fazer um contrato.
Ho avuto un incidente stradale.	oh ah-vu-toh un in-tchi-dehn-eth strah-dah-leh	Tive um acidente de trânsito.

(continua)

Capítulo 11: Lidando com Emergências

Voglio che mi vengano risarciti i danni.	voh-lhoh keh mi vehn-gah-noh ri-sahr-tchi-ti i dahn-ni	Quero ser ressarcido pelos danos.
Sono stato arrestato.	soh-noh stah-toh ahr-rehs-tah-toh	Fui preso.

Capítulo 12

Dez Expressões Favoritas dos Italianos

Mamma mia! (Minha nossa!)

Não vá pensar que todos os italianos são infantis só porque eles chamam suas mamães com tanta frequência. Os italianos usam **mamma mia!** (mahm-mah mi-ah) para expressar surpresa, impaciência, felicidade, tristeza – quaisquer emoções fortes.

Che bello! (Que lindo!)

O uso desta frase, que se pronuncia keh behl-loh, mostra seu entusiasmo por algo.

Uffa! (Argh!)

Uffa! (uf-fah) é uma maneira clara de expressar aborrecimento, tédio, irritação ou cansaço.

Che ne so! (Como vou saber?)

Quando os italianos querem dizer que não têm ideia, eles encolhem os ombros e dizem **Che ne so!** (keh neh soh) (Como vou saber?).

Magari! (Tomara!)

Magari! (mah-gah-ri) é uma única palavra, mas expressa muito. Indica um desejo ou uma esperança fortes. É uma boa resposta se, por exemplo, alguém perguntar se você gostaria de vencer a loteria.

Ti sta bene! (Bem feito!)

Ti sta bene! (ti stah beh-neh) é a forma italiana de dizer "Bem feito!"

Non te la prendere! (Não se aborreça!/Não pense nisso!)

Se você vir que alguém está triste, preocupado ou chateado, você pode tentar consolar essa pessoa dizendo **Non te la prendere!** (nohn teh lah prehn-deh-reh).

Che macello! (Que bagunça!)

Descobrir de onde vem **Che macello!** (keh mah-tchehl-loh) não é difícil. A tradução literal é "Que matadouro!".

Non mi va! (Não estou a fim!)

Non mi va! (nohn mi vah) é uma das primeiras frases que as crianças italianas aprendem. Significa que você não quer fazer algo.

Mi raccomando! (Por favor, eu imploro!)

Com **Mi raccomando!** (mi rahk-koh-mahn-doh) é dada uma ênfase especial a um pedido. Um exemplo é Telefonami, mi raccomando! (Não se esqueça de me ligar, por favor!).

Capítulo 13

Dez Frases que lhe Fazem Parecer um Nativo

In bocca al lupo! (Boa sorte!)

Talvez você tenha um amigo enfrentando uma tarefa complicada e queira desejar-lhe boa sorte. **Buona fortuna!** (bu-oh-nah fohr-tu-nah) funcionaria, mas **In bocca al lupo!** (in bohk-kah ahl lu-poh) realmente fará com que você soe como um italiano. Literalmente, significa "na boca do lobo!". A dificuldade vindoura parece um grande lobo, esperando de boca aberta. Seu amigo provavelmente responderá Crepi il lupo! (kreh-pi il lu-poh), que significa "felizmente, o lobo vai morrer!".

Acqua in bocca! (Nem um piu!)

Quando se quer compartilhar um segredo, garantindo que essa pessoa não vai contar para mais ninguém, diga **Acqua in bocca!** (ahk-ku-ah in bohk-kah), que significa "água na boca". (dando a entender que, se sua boca estiver cheia d'água, você não conseguirá falar).

Salute! (Saúde!)

Quando alguém espirra, você diz **salute!** (sah-lu-teh), que significa "saúde". Dizer essa palavra é uma maneira de desejar que a pessoa tenha boa saúde.

Macché! (Claro que não!)

Os italianos adoram falar, mas em algumas situações, eles preferem dizer apenas uma palavra: **macché!** (mahk-keh). É uma maneira forte e determinada de dizer "claro que não!".

Neanche per sogno! (Nem sonhando!)

Neanche per sogno (neh-ahn-keh pehr soh-nhoh) significa literalmente "nem mesmo em sonho". É uma forma de dizer "de jeito nenhum".

Peggio per te! (Azar o seu!)

Não se demonstra muita simpatia ao usar esta frase, mas se você estiver procurando pelo equivalente em italiano a "azar o seu!", **peggio per te** (pehdj-djoh pehr teh) é o que você precisa.

Piantala! (Pare com isto!)

A tradução literal de **piantala** (pi-ahn-tah-lah), expressão informal, é "plante-a!".

Vacci piano! (Pega leve!)

Use **vacci piano!** (vahtch-tchi pi-ah-noh) quando sentir que alguém está indo rápido demais ou com muito entusiasmo em relação a algo.

Gatta ci cova! (Algo não cheira bem!)

La gatta é a gata e covare (koh-vah-reh) significa "parir". Quando os italianos dizem gatta ci cova (gaht-tah tchi koh-vah) (uma gata está parindo aqui) querem dizer "tem algo de suspeito acontecendo por aqui".

Sono nel pallone! (Estou numa sinuca de bico!)

As pessoas dizem **sono nel pallone** (soh-noh nehl pahl-loh-neh) para indicar que alguém não sabe o que fazer ou como se comportar em uma situação complicada. Sono significa "estou" e pallone significa "bola", mas também "balão". Talvez signifique que a pessoa se sente suspensa no ar?

Índice

• A

abbigliamento 93
abitare 52
Abito 141
acciughe fresche 99
acentos 15
Acqua in bocca 173
Addìo 58
Adjetivos 19, 21
aeroporto 7
agenzia di viaggi 135
aiuto 168
al corridoio 130
alfândega 129
al finestrino 130
Alle nove 81
alle sette 106
all'incrocio 140
all'ospedale 144
almoço 78
amore 7
Andiamo a mangiare 77
animais 113
Antes de embarcar 131
Antipasti 84
ao ar livre 105, 113
após aterrissar 131
Apresentações 63
Apresentando outras pessoas 64
Apresentando-se 63
Aquisição de Cultura 105
arrivarci a piedi 142

arrivederci 61
articoli sportivi 93
Artigos 19
Artigos Definidos Femininos 19
Artigos Definidos Masculinos 19
ascensore 93
Aspettate 49
As quatro estações 46
atraso 49
Attraversi 139
Attraversi il ponte 139
avanti 7
avere mal 163
Avrei bisogno 54
avuto un incidente 169
avvocato 120

• B

bagni 154
bambino 7
bancomat 104
bancos 55
Bari 139
barman 83
Básicas 163
beber 79
benzina senza 134
berretto 97
bicchiere 80
biglietto 130
binario 137
Blu Notte 109

bondes 136
bottiglia 80
bucatini 85
Buona fortuna 173
bússola 139

• C

Café da Manhã 82
café expresso 82, 83
calze 97
cambiare 136
cambiare dollari 53
camera doppia 148
camera matrimoniale 148
camera singola 148
cameriere 154
camerieri 154
Cardinais 41, 42
Carnes 99
carrelli 132
carta di credito 104
cartões de crédito 82
cartões telefônicos 124
casalinghi 93
casa nostra 166
castani 167
categorias 21, 30, 31
cedo 49
CEP 50
Che bello 171
Che chiesa 144
check-in 130
Che macello 172
Che ne so 171
Che strumento 109
chiamato qualcuno 127
chiari 167
chiavi 154
chilometro 142

ciao 7
Ci vediamo 60
codice postale 50
colazione 149
Colosseo 138
combinação de verbo 162
comer 77
comerciais 119
com gênero 17
com Gênero Específico 68
comprano i biglietti 106
comprar 1
compras 55
Compras 92
compreensão 17
condizionata 149
conjugação 2
conjugação de verbos 160
consoante "c" 12
Consoantes 11
 consoante "c" 12
 consoante "g" 12
 consoante "h" 13
 consoante "q" 13
 consoante "r" 13
 consoante "s" 14
 consoante "z" 14
Consoantes duplas 14
consoantes duplicadas 14
consultare 168
Contorni 84
controlli l'olio 134
Convenções 2
conversa 15
convites 105
Cores 96
Cultura 105

• D

Da morire 75
décadas 45, 46
Declaração 129
Definidos 19
Deixando Recados 126
del pomeriggio 135
departamentos 92, 93
derubata 166
Despedidas 57
Despedidas Comuns 57
destinazione 130
destinos 135
de telefone 50
dialetos 5
Dias da semana 47
dichiarare 132
dietro l'angolo 140
Dinheiro 53, 55
direções 41
di sicurezza 92
distâncias 119
di viaggi 62
dolce 84
domani 81
domani sera 48
doppia viene 149
Dove sono 71
dritto 140
duplicadas 14

• E

eccessivi 156
elemento humano 121
e-mail 50, 122
em casa 10
Em lojas de departamentos 92

Encontros consonantais 15
endereços 41, 50
endereços de e-mail 50
entrati dei ladri 166
Equipamentos de escritório 122
esportes 105
essere cambiati 151
estações 45
exemplos 7
exemplos práticos 157
explicação 18
expresso 79
expressões populares 5

• F

Falando com Médicos 162
Falando sobre o Tempo 45
falar sobre 2
família 5
famosas 6
fare vela 117
Favoritas 171
Fazendo check-in 130
femininos 2
fermare 161
fermata 137
filmes 106, 107
finisce 106
Fora 81
formação 1
formais 28
fotocopiatrice 122
Frases 134
frutas 89
Frutos do mar 99
funziona 122
Futuro 35, 38

• G

gamberetti 100
Gatta ci cova 174
gênero 19
giardino 51
giorni feriali 137
giorni festivi 137
girare 142
Gli asciugaman 151
gli ucceli 113
gramática 17
grassa 167
grigi 168
guida portoghese 114

• H

Hai un assistente 121
hanno rubato 166
hanno scippata 167
Ho mal di testa 163
horários 41
horas 45
hotéis 55, 155

• I

idiomáticas 75
il cabriolet 134
il collo 163
il telefonino 123
In bocca al lupo 173
indicarmi 138
indirizzo 122
informais 28
interrogativos 29
irregulares 17

• J

jantar 76

• L

l'asciugacapelli 151
la vasca 148
legendas 107
Lei chiama 125
Lei paga 103
Levando presentes 76
Lidando com 17
L'imbarco 130
línguas neolatinas 5
Localizações 144
lojas 22
lontano 142
loro abitano 53
loro portano 150
loro vengono 69
lo stomaco 164
lunghi 167

• M

Macché 173
Magari 171
Mamma mia 171
marciapiede 140
Martino 123
masculino 19
media cilindrata 133
media statura 167
Médicos 162
membros 5
merluzzo 100
Meses 46
messaggio 127

Índice

mezza 48
Mi dispiace 104
Mi fanno male il collo e le spalle 163
mio capo 121
Mi piace 113
Mi raccomando 172
mi vengano risarciti 169
molto tranquilla 157
mondo 51

• N

Nacionalidades com Gênero Específico 68
Nacionalidades sem Gênero 67
Napoli 139
natureza 1
Neanche per sogno 174
negli 46
Peggio per te 174
noi diamo 150
nomes de países 66
Non mi va 172
Non te la prendere 172
nott 149
número 5
Números cardinais 41
números de telefone 50
números irregulares 44
números ordinais 44

• O

O Artigo Indefinido Feminino 20
ondulati 167
ônibus 30
orario di apertura 93
Ordenando Ordinais 44
Ordinais 44, 45

O Artigo Indefinidos Masculinos 20
ospedale 145

• P

Pagamento 81
pagare il dazio 132
pagine gialle 124
países 5
palavras com gênero 17
Palavras para Saber 2
pallacanestro 115
pallavolo 115
partenze 137
partes do corpo 163
particípio passado 35
pattinare 117
pedidos 84
Pedindo Perdão 62
pedir informações 129
pelle irritata 164
pensione 148
Perché non 111
perguntas 29
Personalização 155
piani 51
Piantala 174
piazza 145
Piove sul bagnato 75
Plural Irregular 165
pomeriggio 48
populares 5
Populares 8
posição 22
posta elettronica 50
prática 13, 70
preços 101
Preferisce 130
prefisso 50
prelevare soldi 53
prenotazione 149

preposição 25
presente 27
presentes 76
prima 140
problemas com o carro 160
problemas jurídicos 159
Problemas Jurídicos 169
processo 133
Procurando Pessoas e Deixando Recados 126
Produtos agrícolas 100
Produtos de panificação 102
Profissões 120
pronomes 2
Pronomes 23
    Pronomes Pessoais 23
    Pronomes Pessoais do Caso Oblíquo 25
pronomes demonstrativos 155
pronomes formais 28
Pronúncia 8
pronúncias 13
Può indicarmi 138

• Q

Qualcosa 83
Questi prezzi 156
questo indirizzo 135
quindici 130
quindici minuti 131

• R

ragazzi 57
Recados 126
recepcionista 149
refeições 77
regionais 5, 6
regulares 17

reservas 81, 148
respostas 25
richiamare 126
rigatoni 85
riscuotere un assegno 53
ritardo 131
Roma 139

• S

Salute 173
sapatos 98
saporito 88
saudações 57
Saudações 57
Saudações e Despedidas Comuns 57
scherma 115
sciare 117
scoperto 54
Scusa 63
scusi 7
sem Gênero 67
sempre dritto 139
sentenças 1
servizio informazioni 124
settimana 133
shows 106
Sílabas Tônicas 15
sobremesa 84
soccorso stradale 161
sono eccessivi 156
Sono nel pallone 174
Sono stata 166
sopas 84
sottopassaggio 141
spigola 100
spingere 92
stampante 122
stanza con doccia 148

Índice

stazione 135
stipulare 169
Sto cercando 144
substantivos 2
substantivos femininos 2
substantivos masculinos 20
substantivos terminados em 154
suggerirmi qualcosa 106
Suonamo tutti 109
suoni 109
Suposições 3
sveglia domattina 151

• T

tabacaria 137
tabaccai 124
tagliatelle 85
Tamanhos 95
táxi 129
táxis 134
tazzina 80
Tecidos 96, 97
telefone público 123
telefono squilla 124
tempos verbais 17
terza 45
tipo de quarto 147
Ti sta bene 172
tolto un dente 164
tonnarelli 85
tornar-se 6, 28
traduções 2
Transporte 134
transporte público 129
trens 134, 135, 136
Trieste 139
trovare un avvocato 160
truffato 169

• U

una donna 121
una gamba 164
un prestito 53
uscita tre 130

• V

vacanze 71
Vacci piano 174
valigia 130
vediamo dopo 60
Vengo dal 70
Verbo Andare 144
Verbo Avere 18
Verbo Prendere 86
verbos 17
verbos "essere" 71
verbos irregulares 30
Verbo Stare 72
Verbo Volere 87
verduras 84, 85
Verduras 100
vicolo 141
vinho 11
vivere 52
Vocabulário 152
vocabulário para informar 140
vogal "a" 10
volo 131
Vorrei aprire 54
Vorrei noleggiare 133
Vorrei prenotare 81
vostra stanza 157

Este livro foi impresso nas oficinas gráficas da Editora Vozes Ltda.,
Rua Frei Luís, 100 – Petrópolis, RJ,